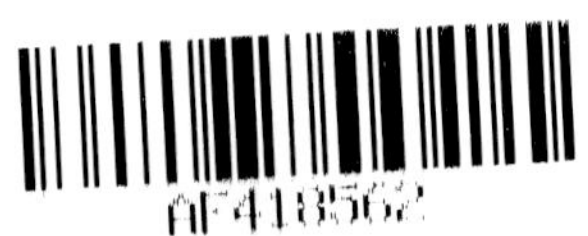

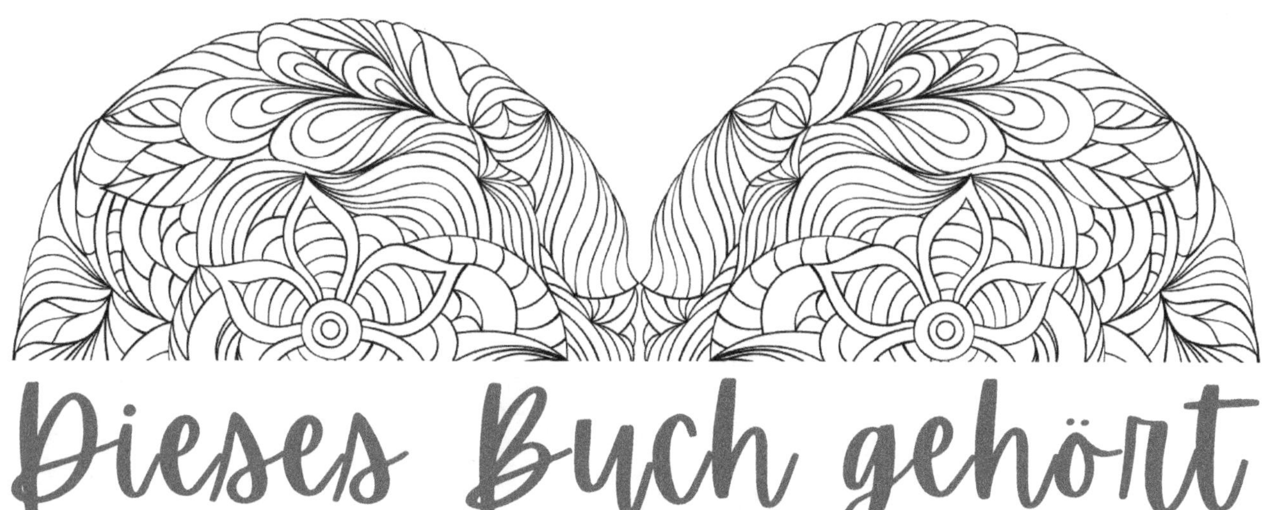

Dieses Buch gehört

. . . .

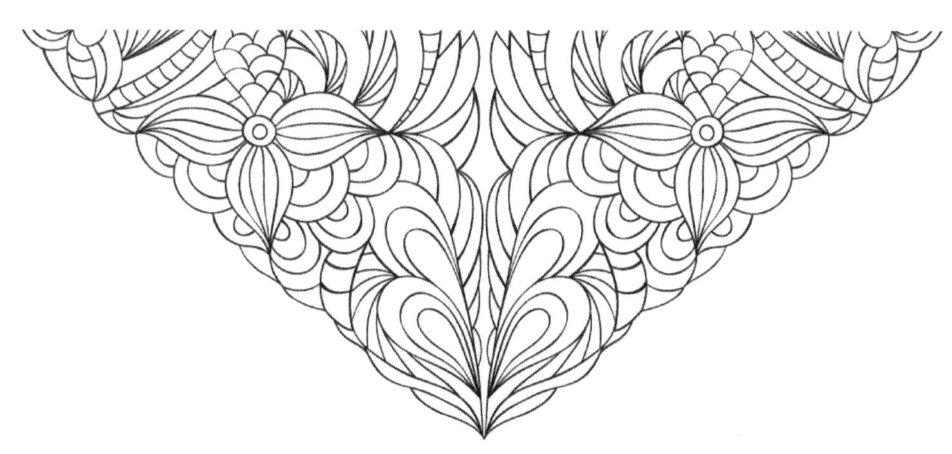

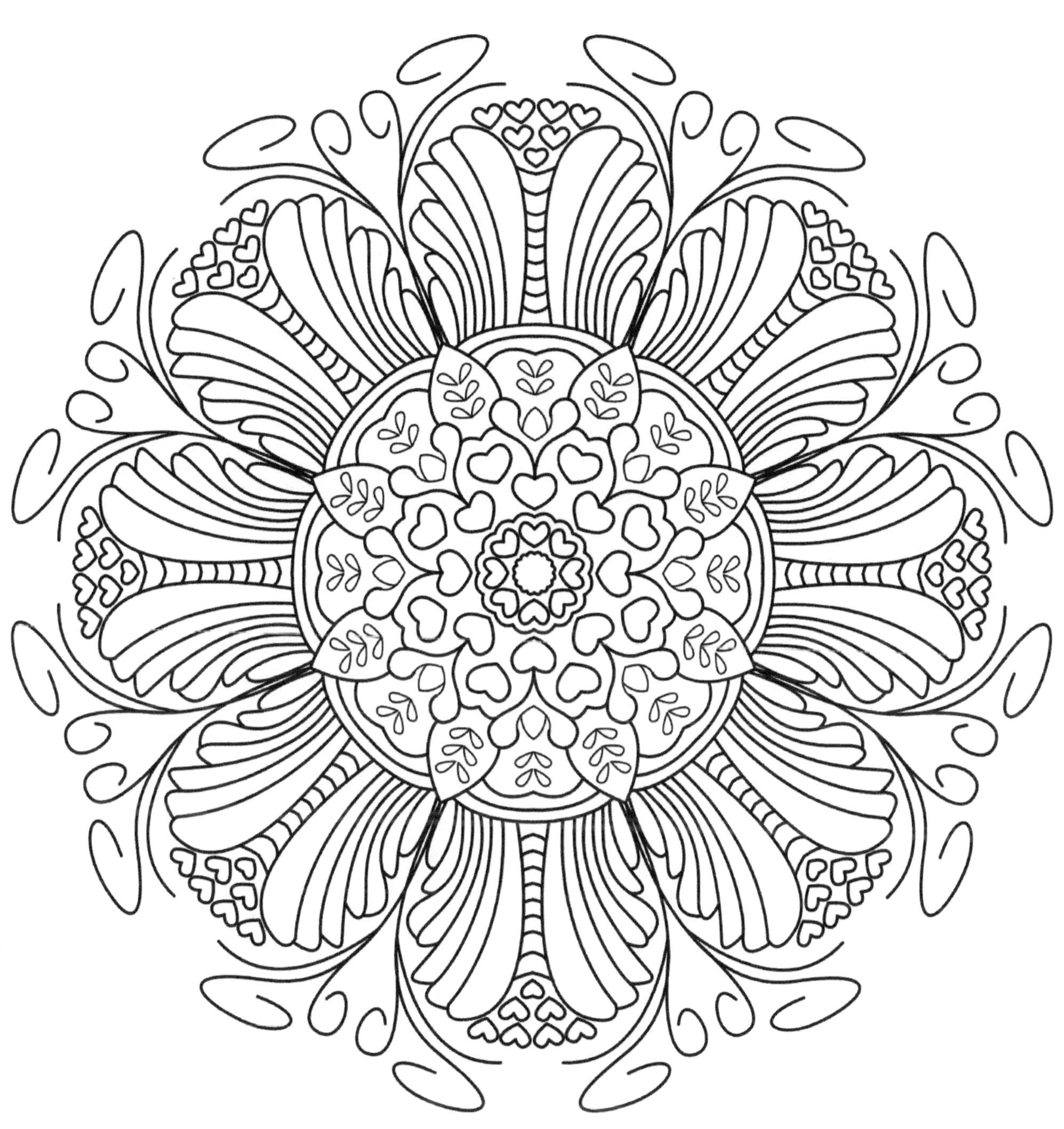

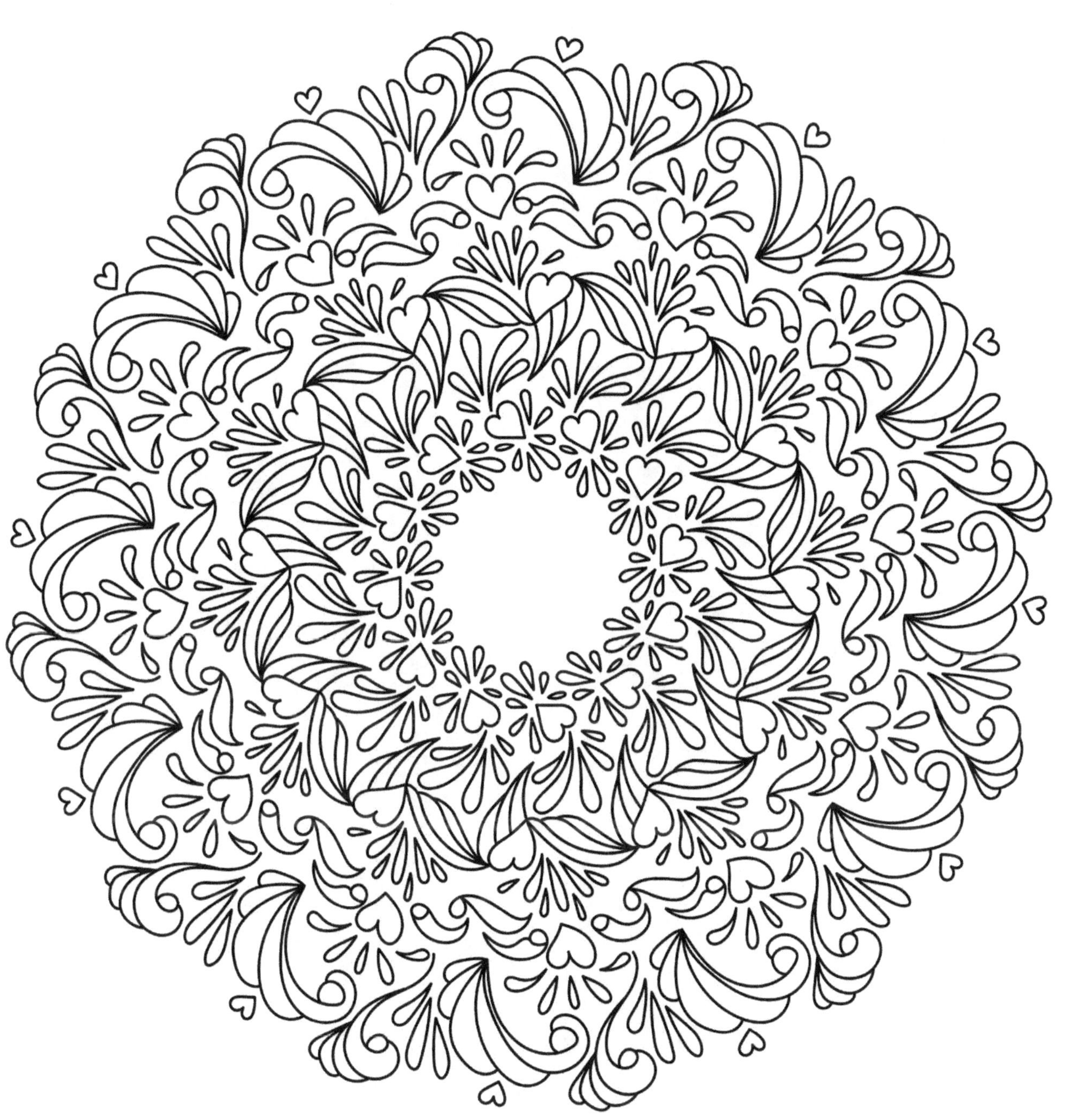

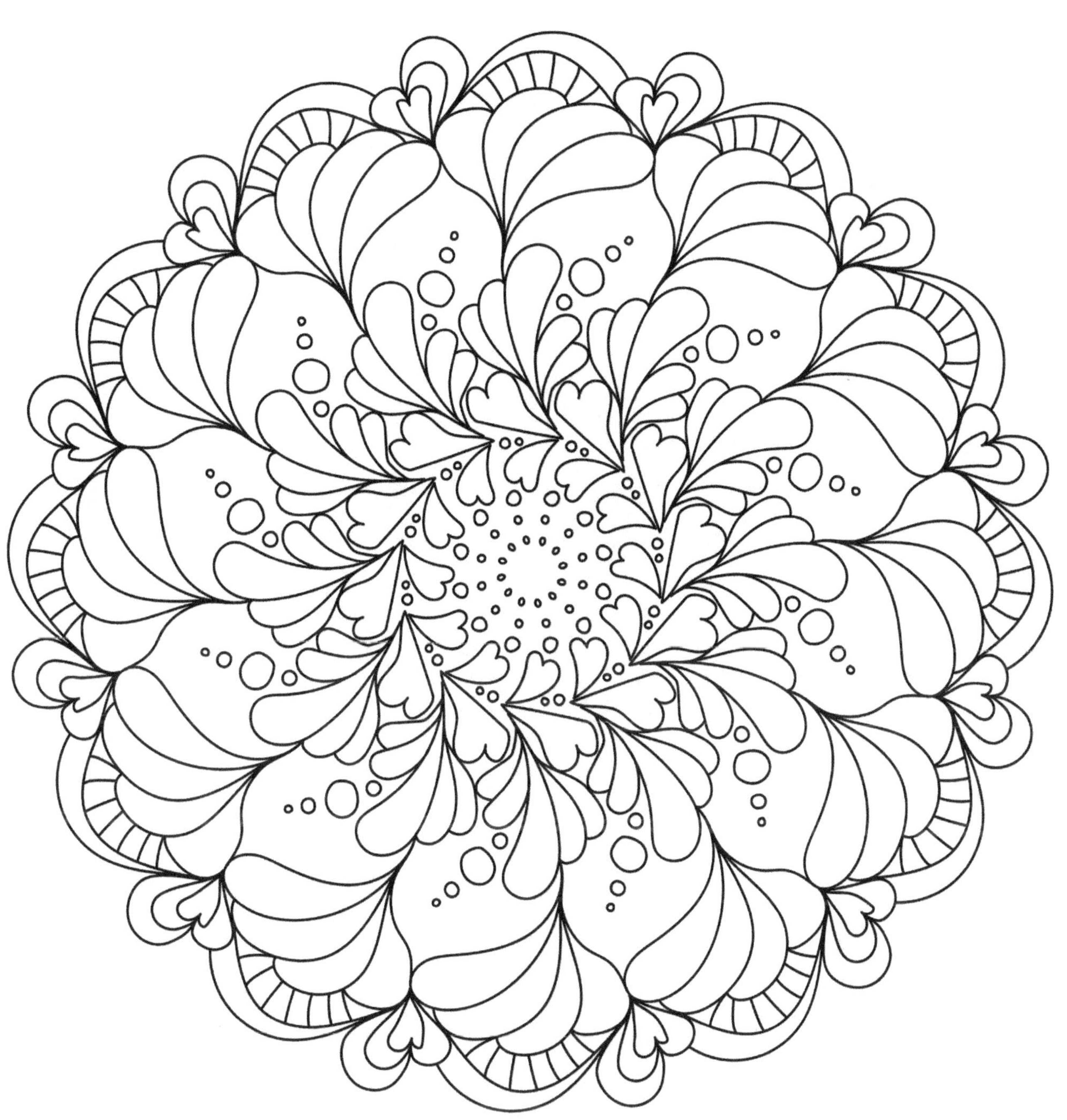

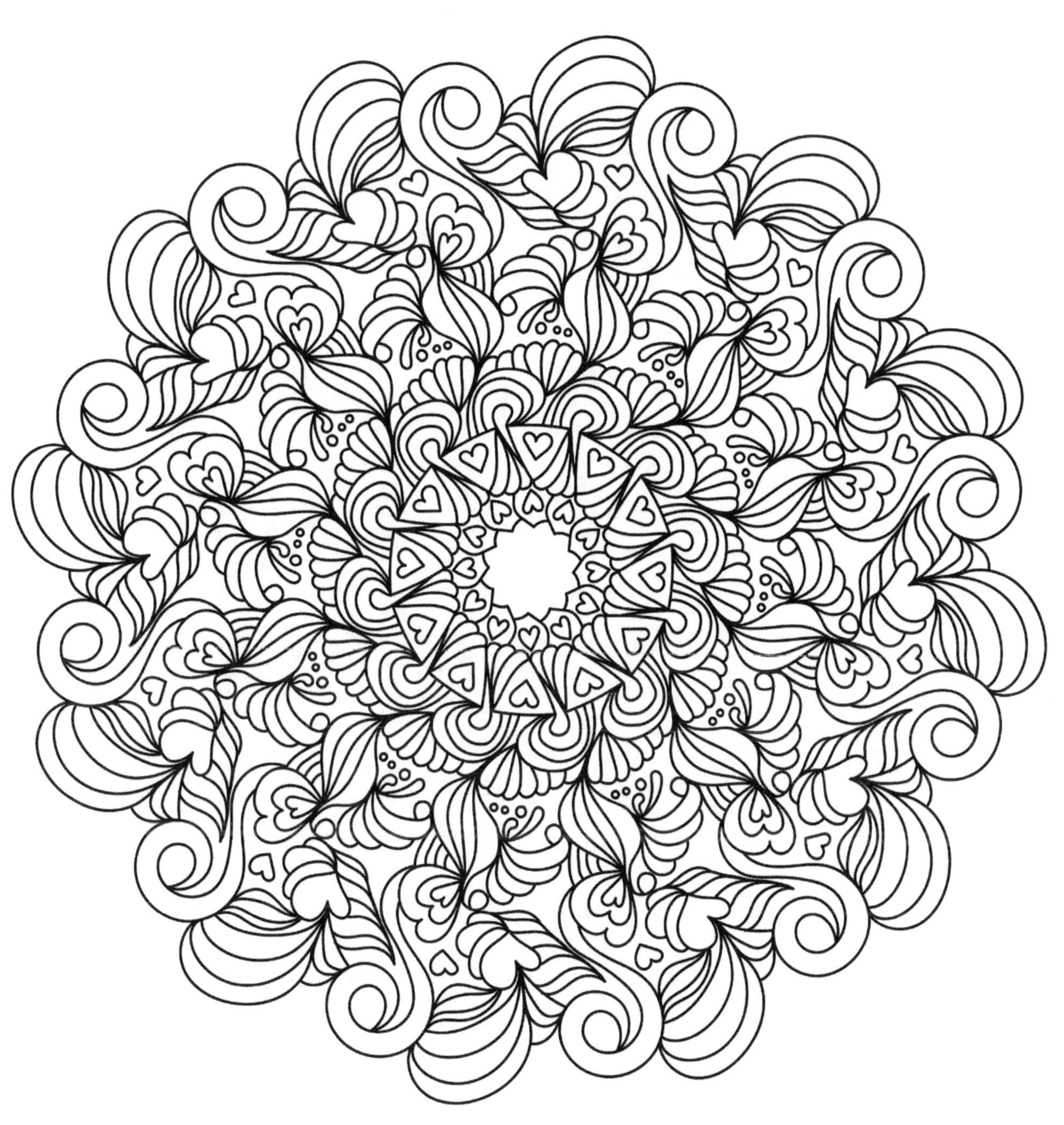

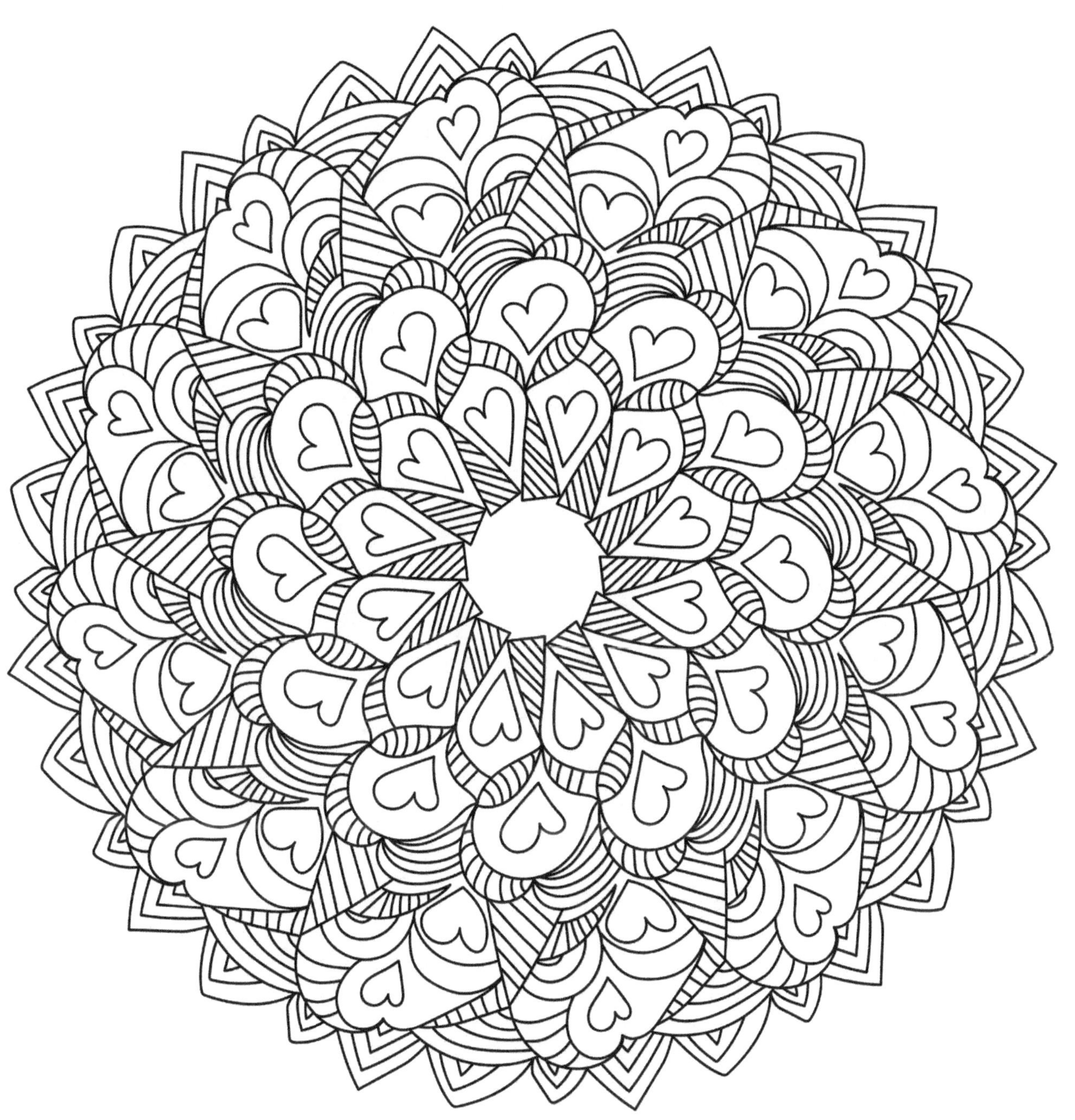

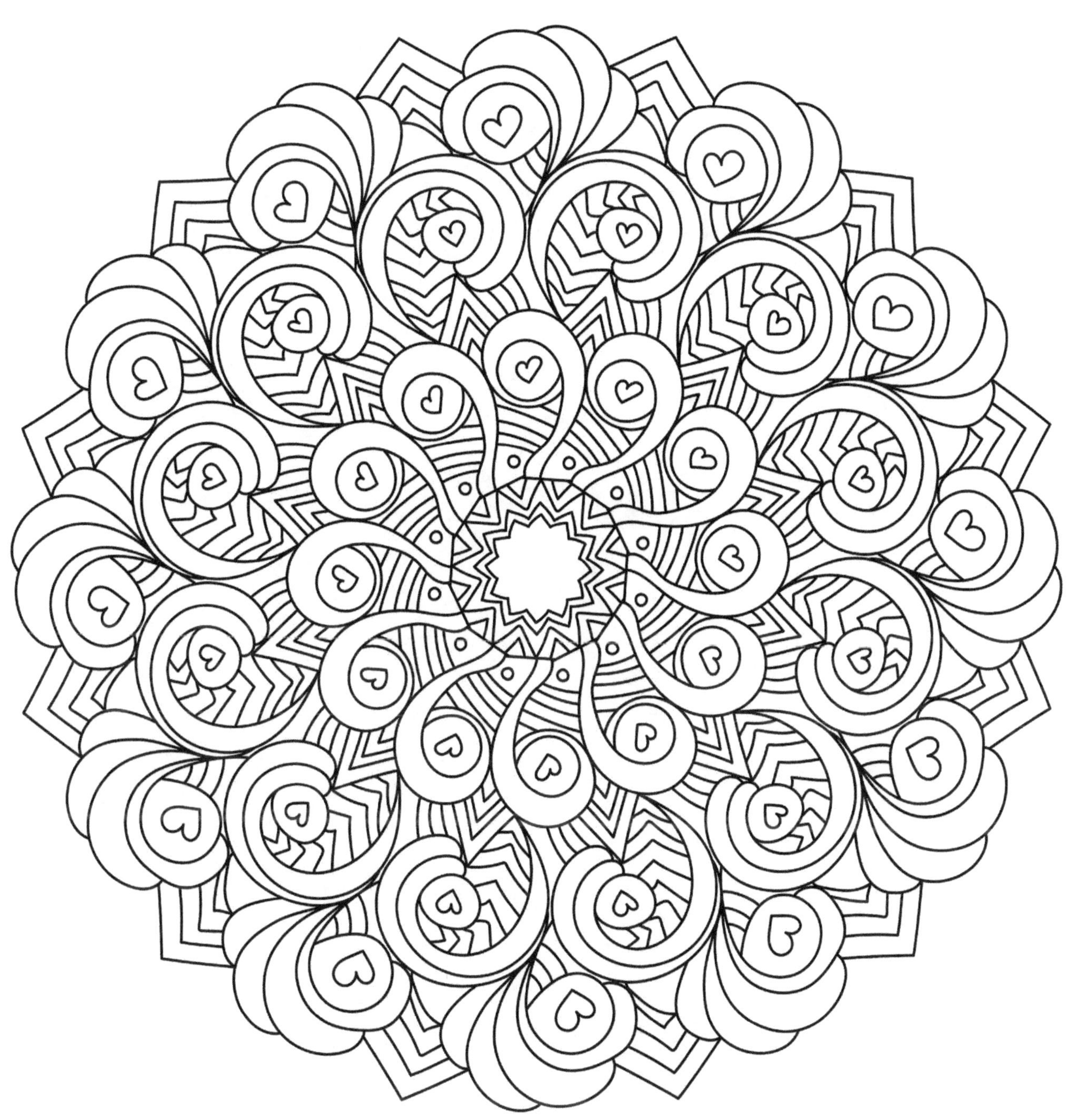

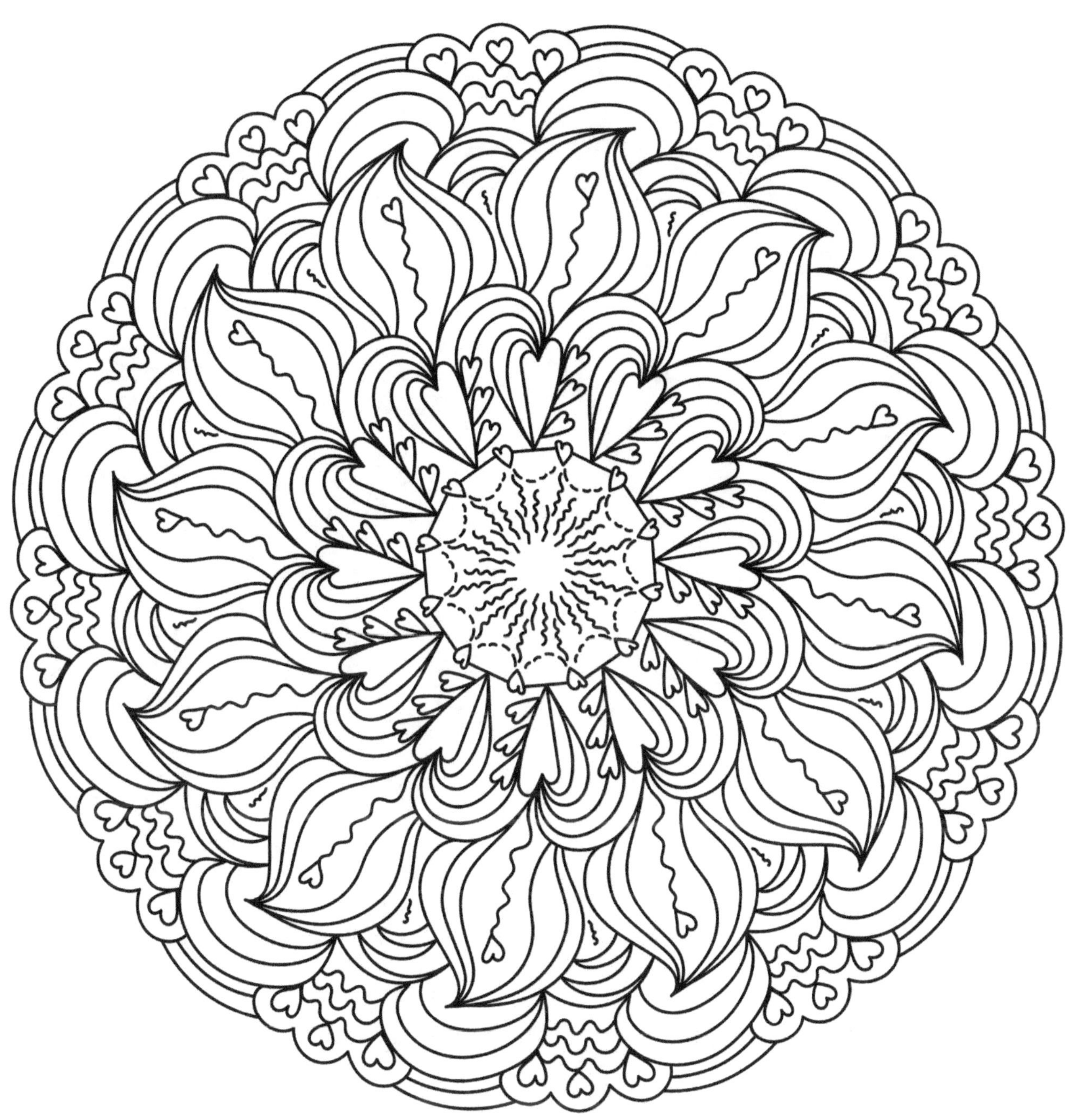

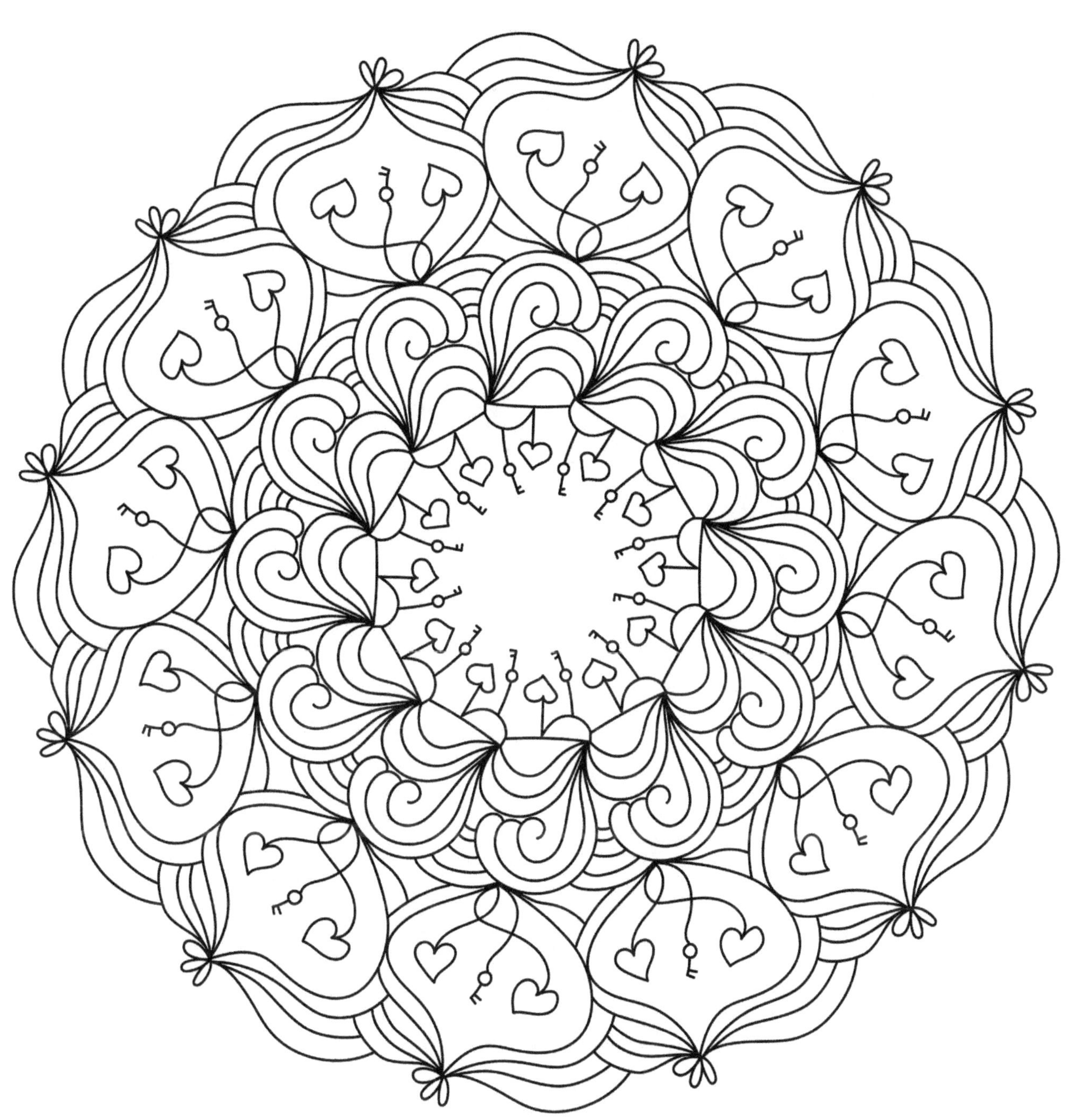

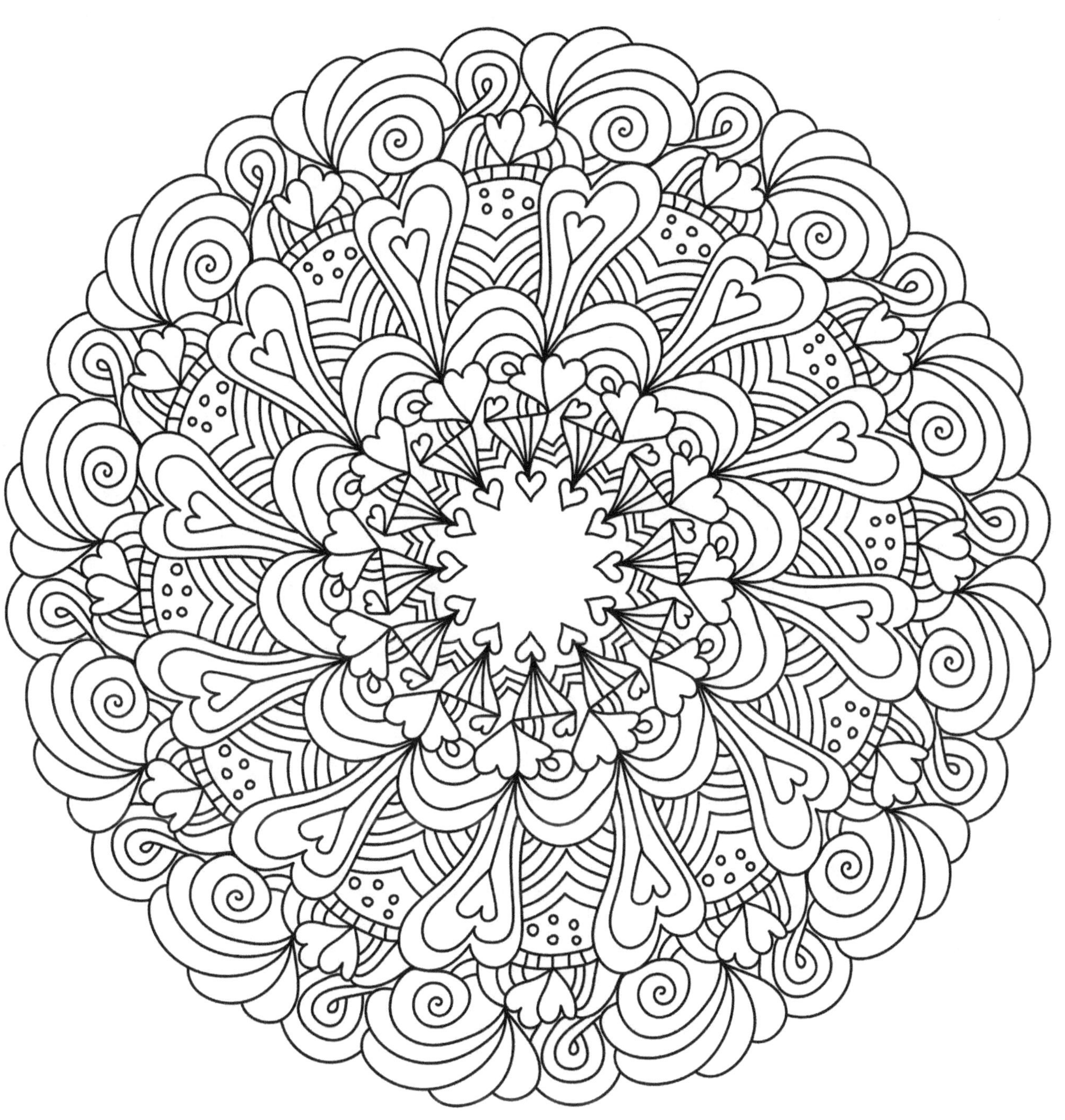

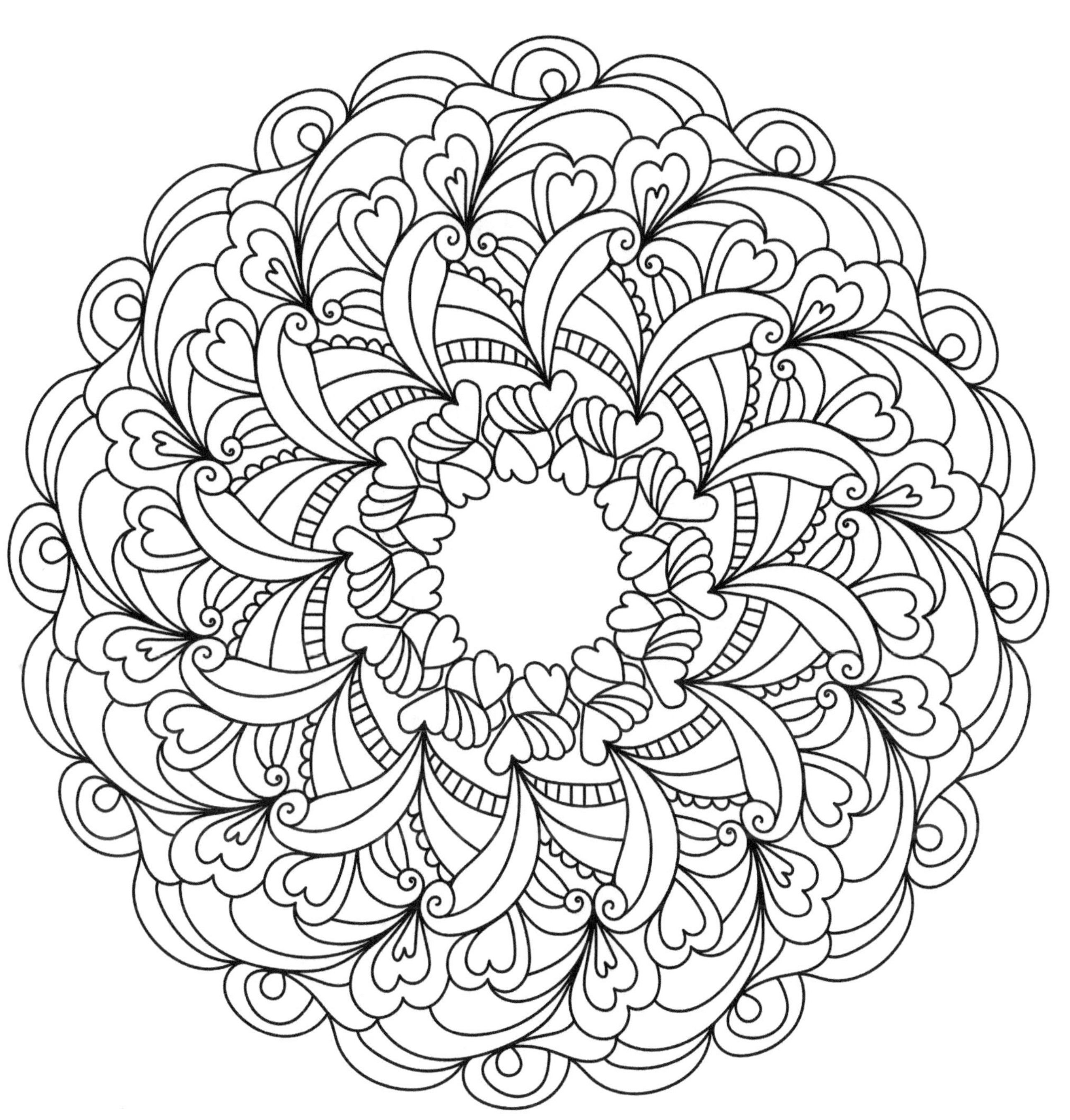

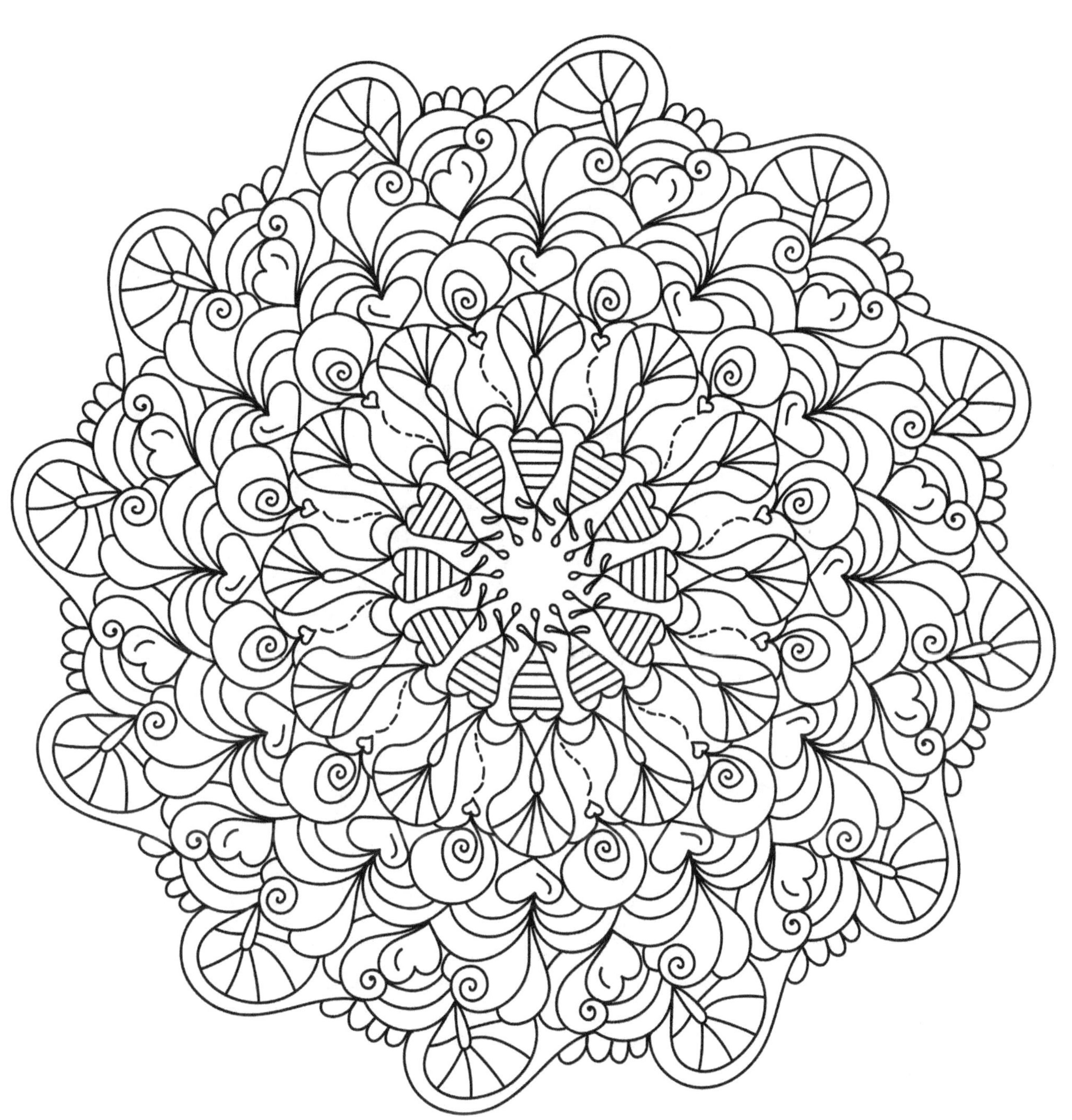

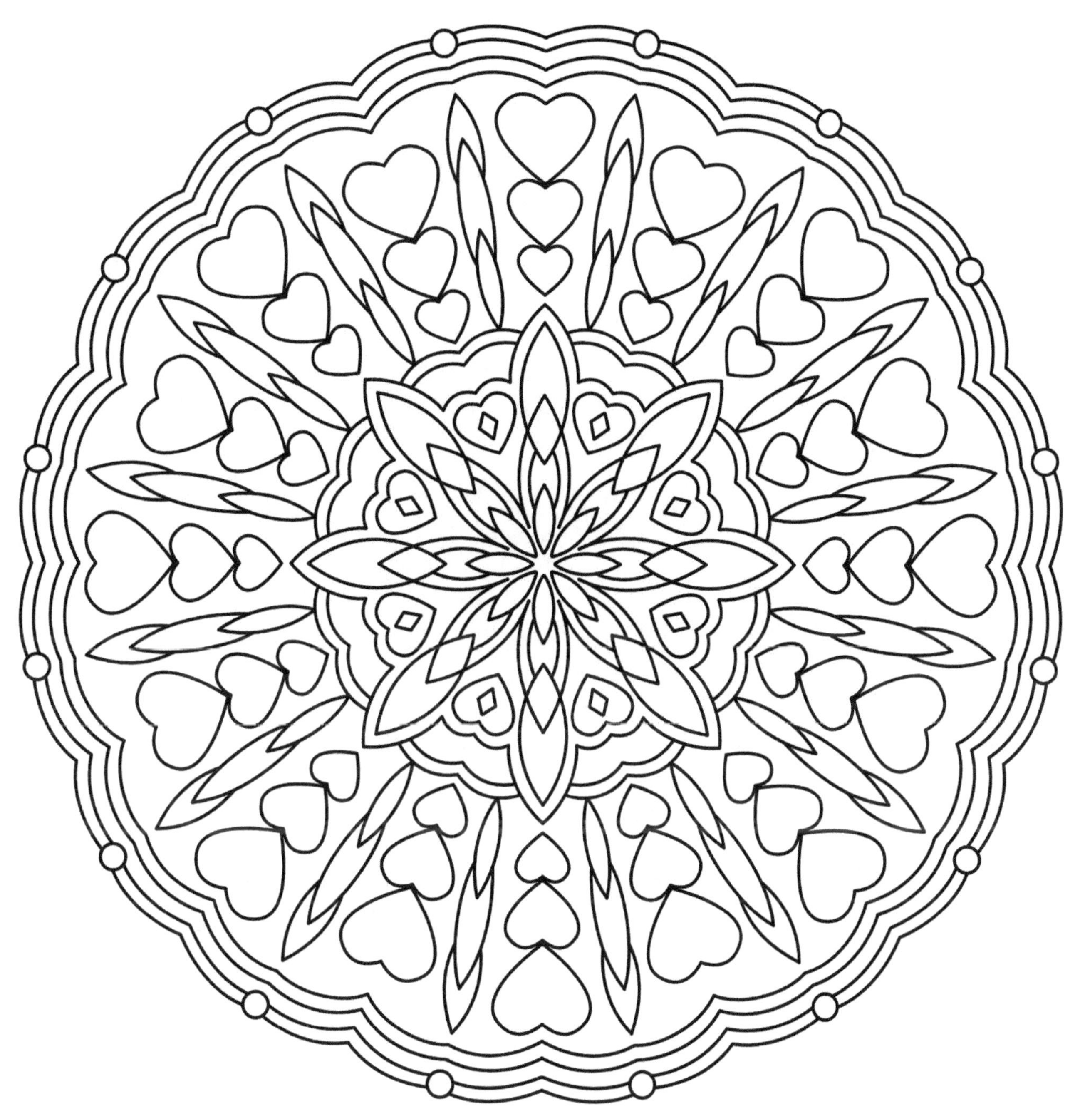

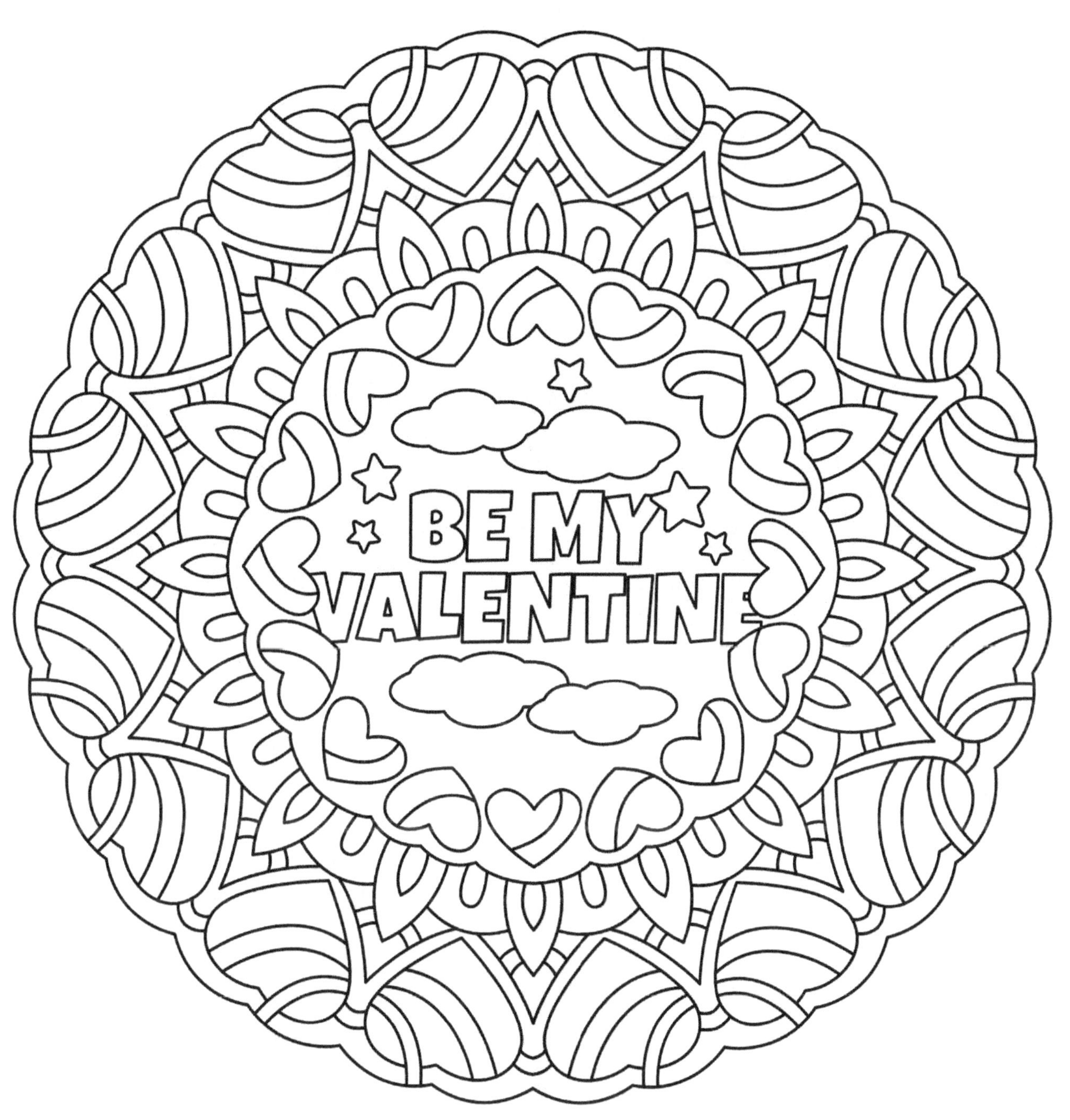

BE MY
VALENTINE

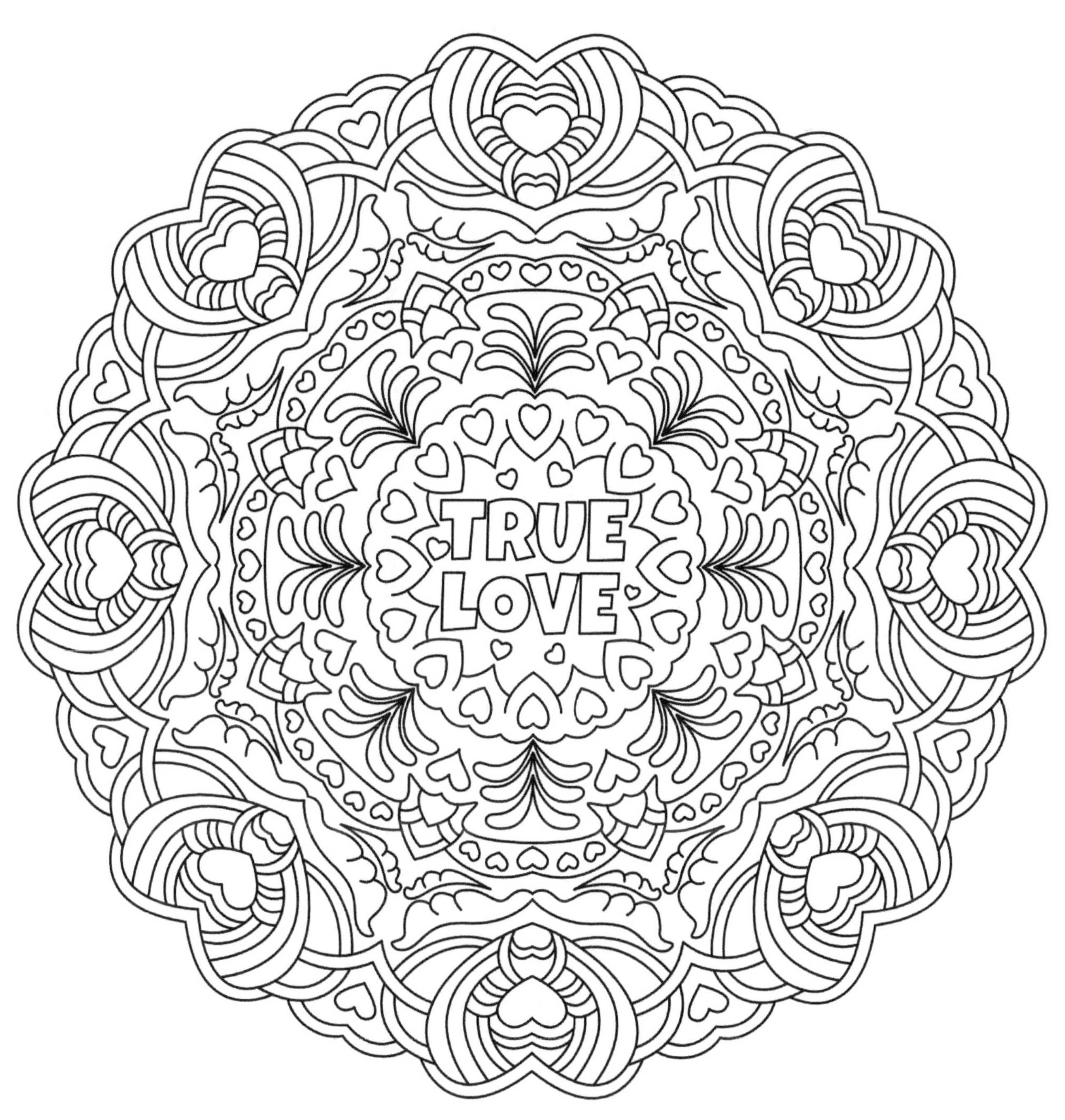
TRUE
LOVE

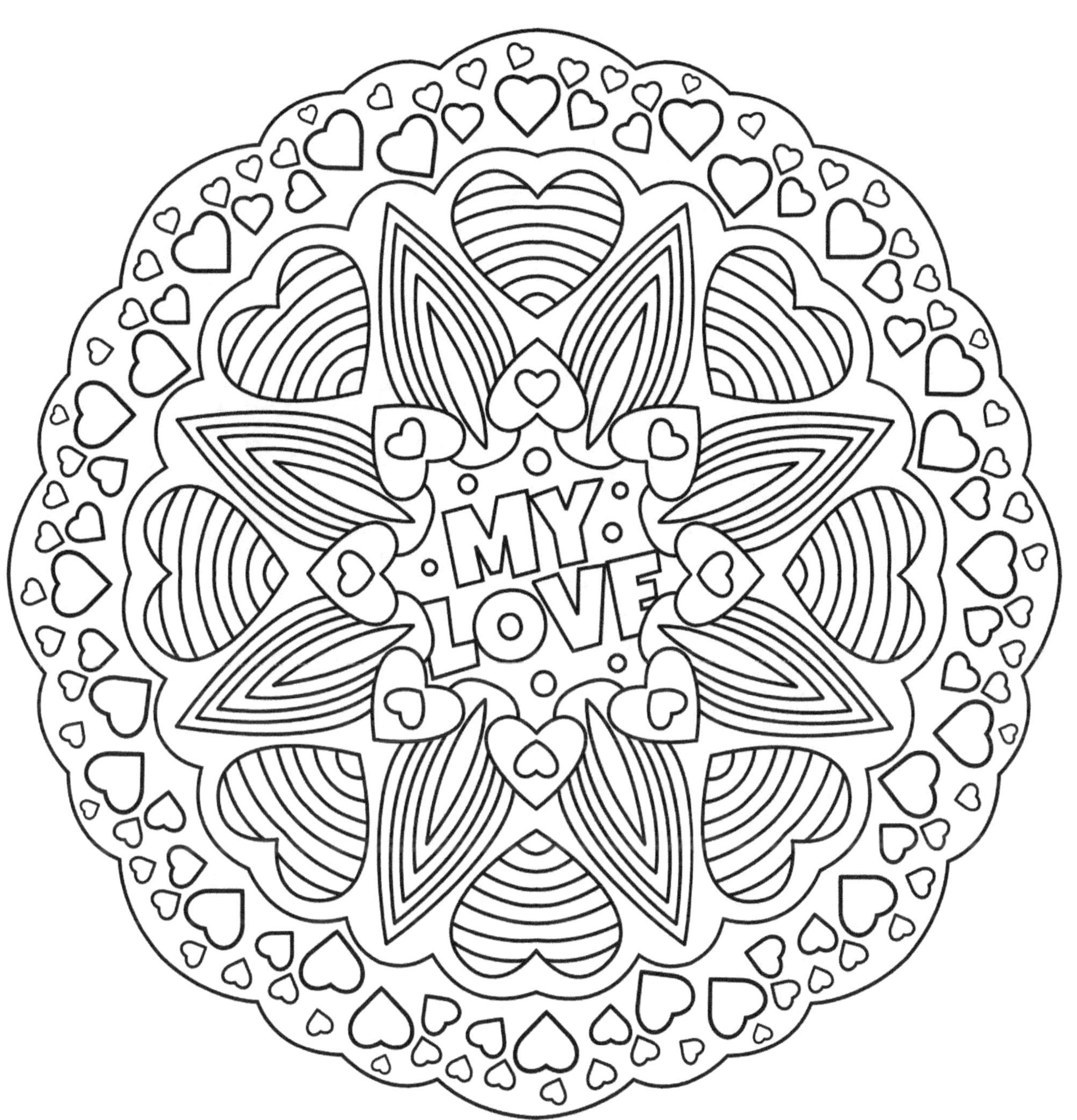

MY
LOVE

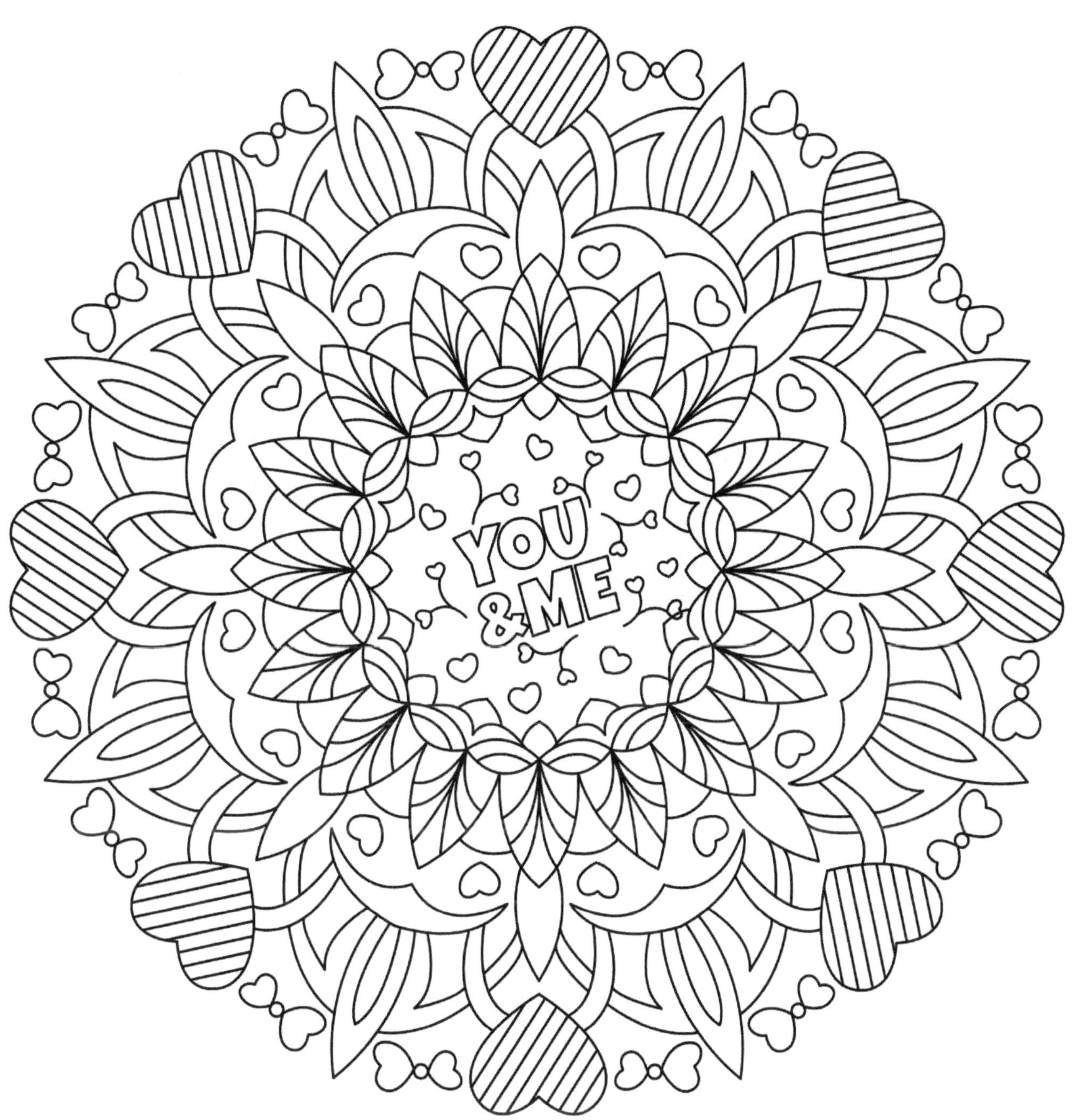

YOU
&ME

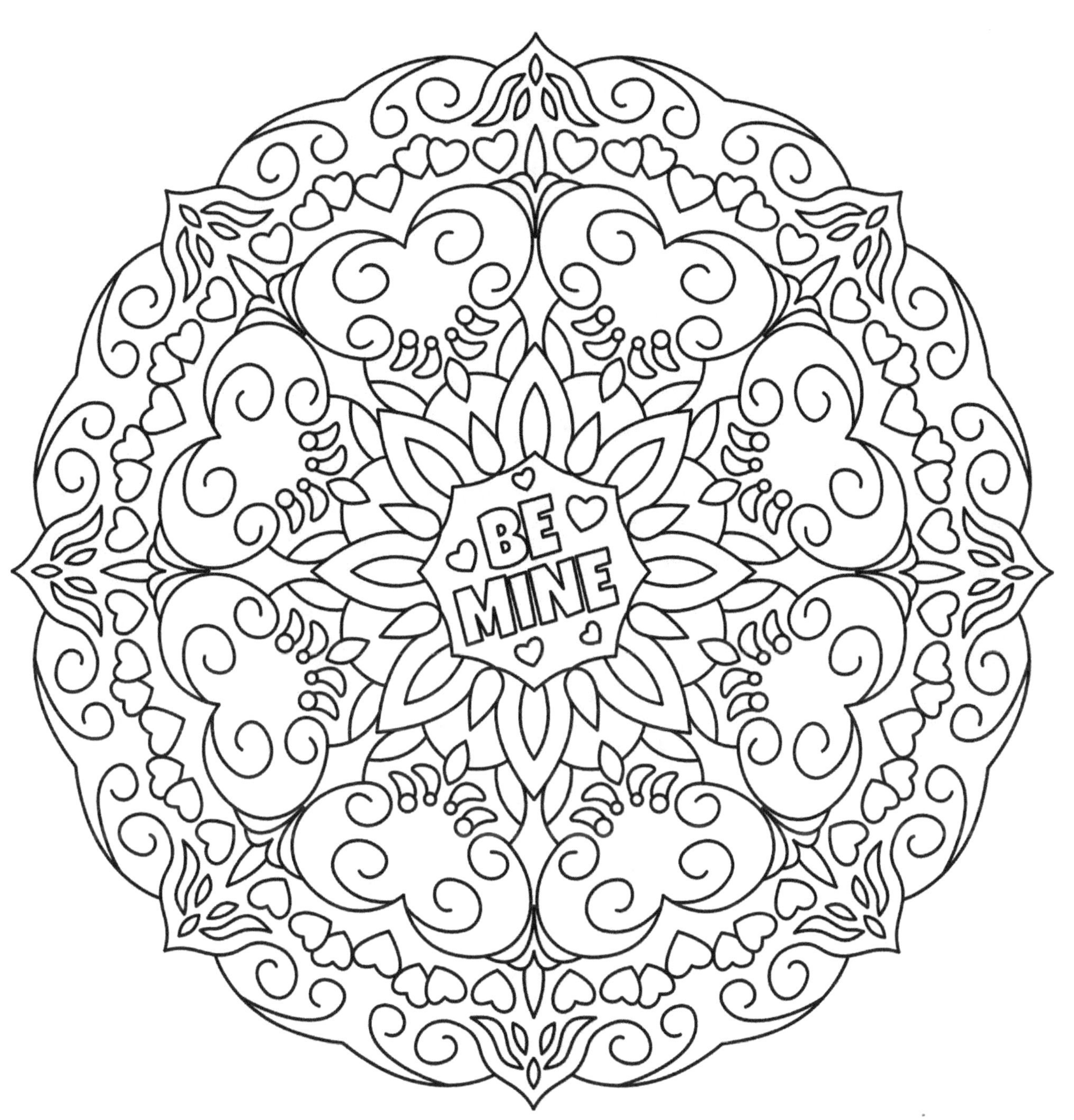

BE
MINE

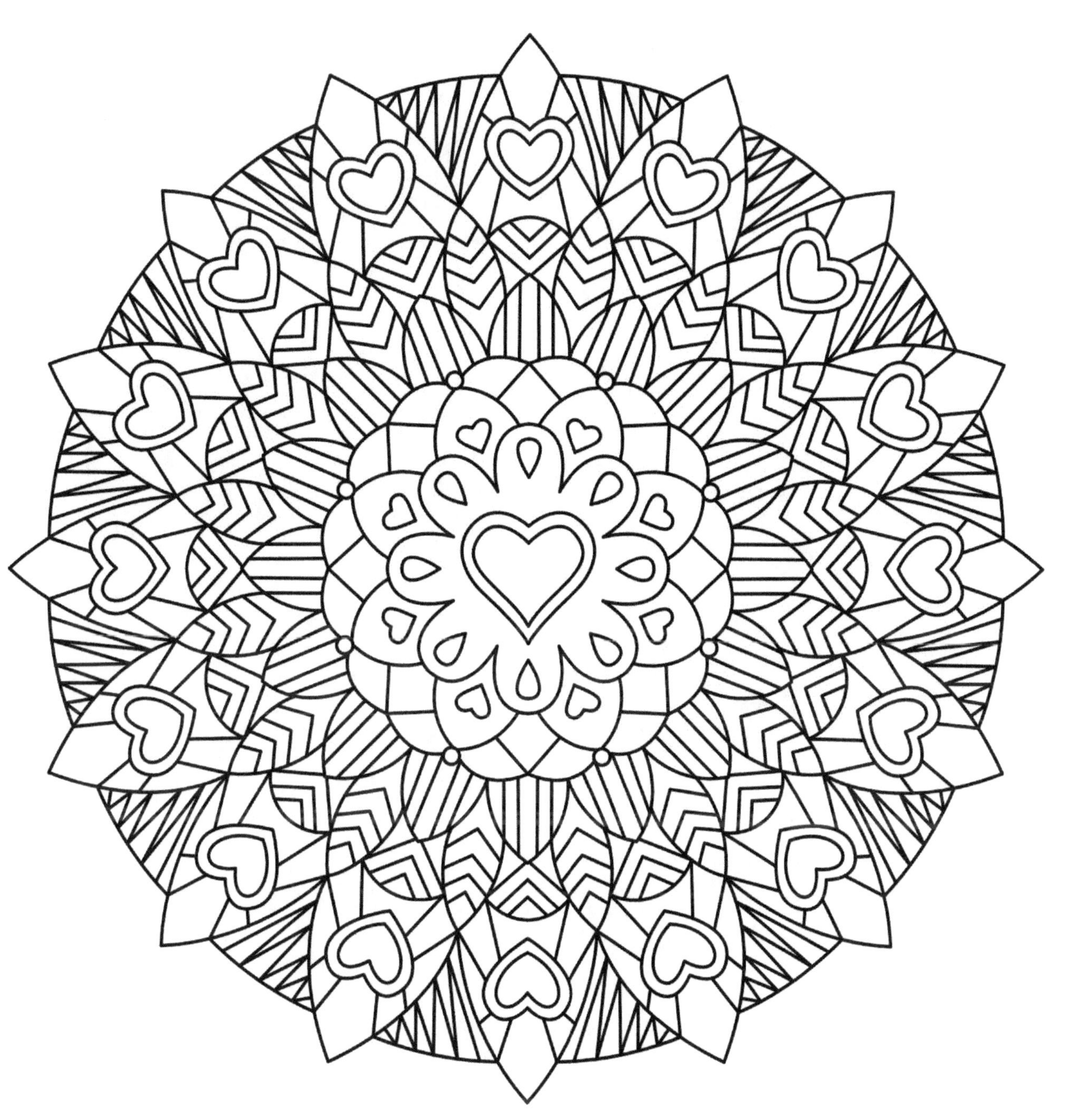

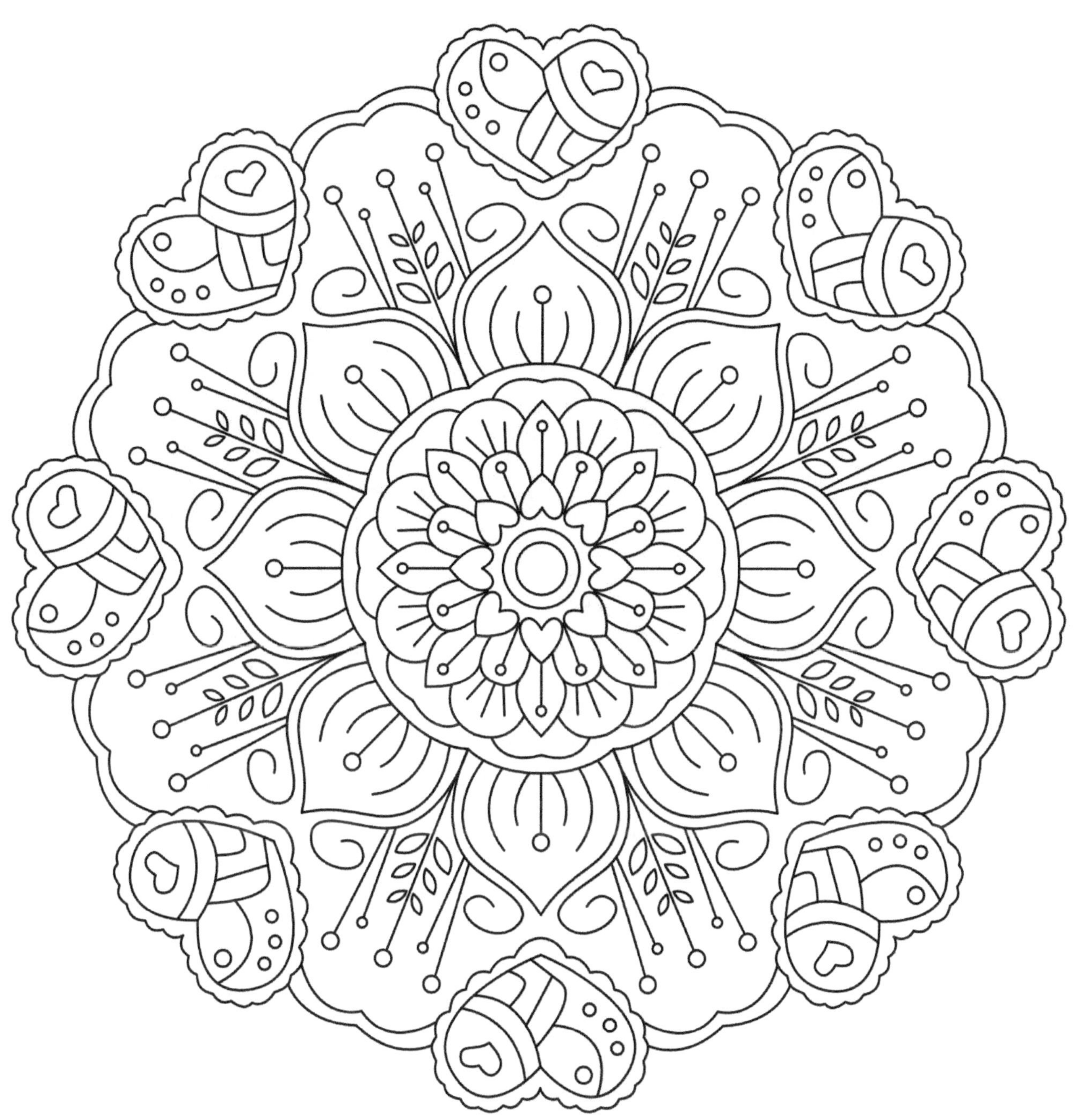

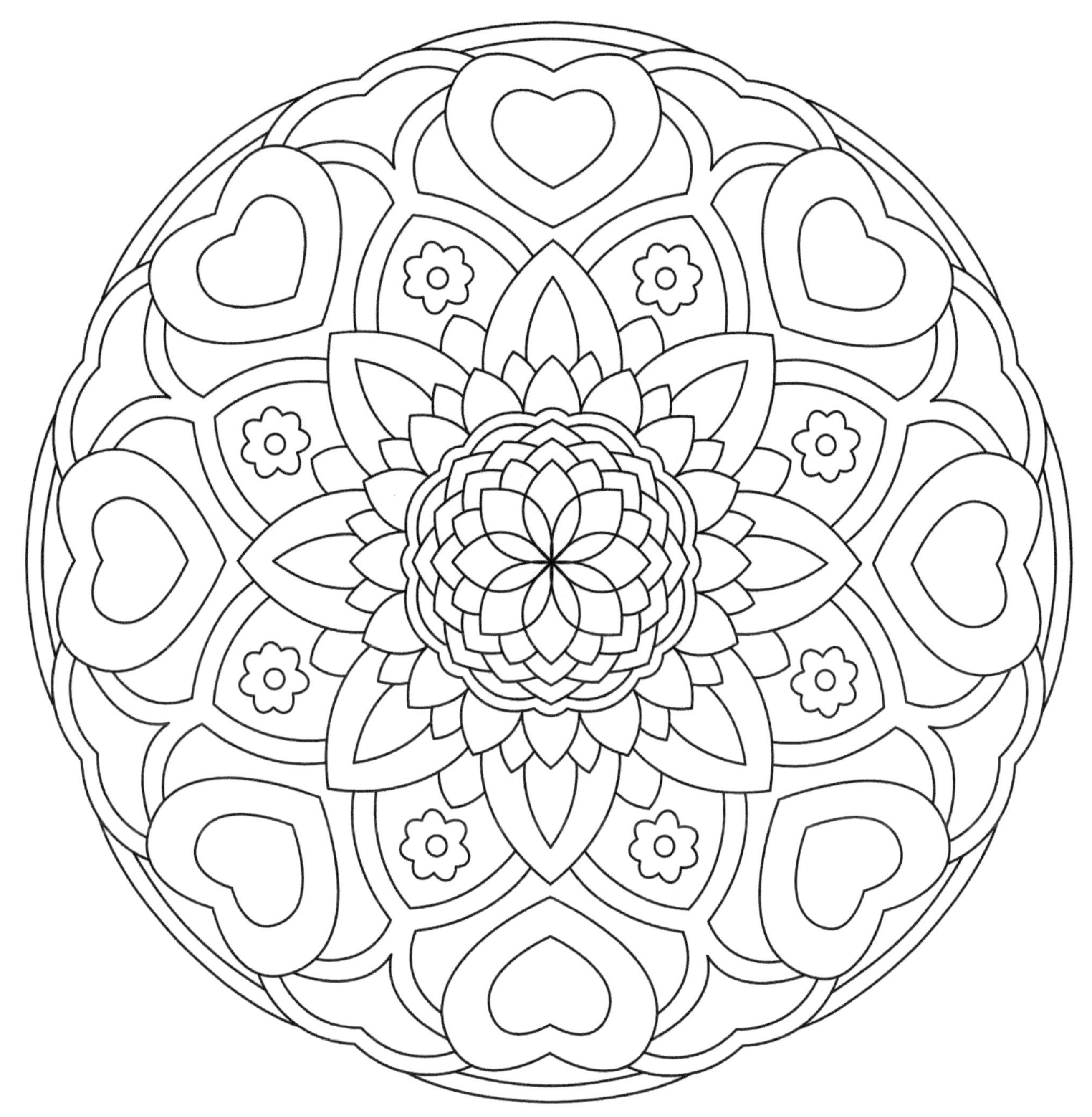

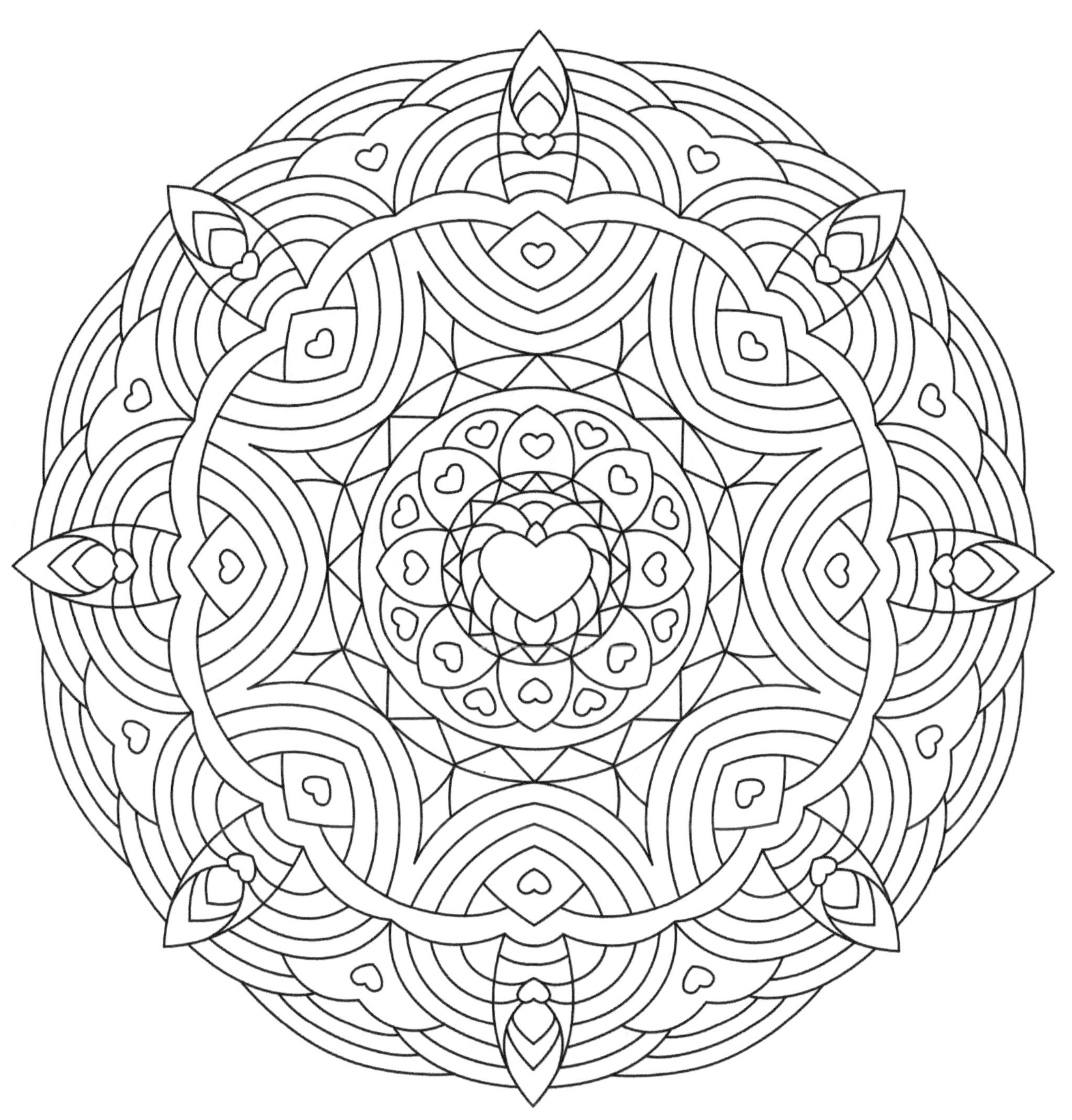

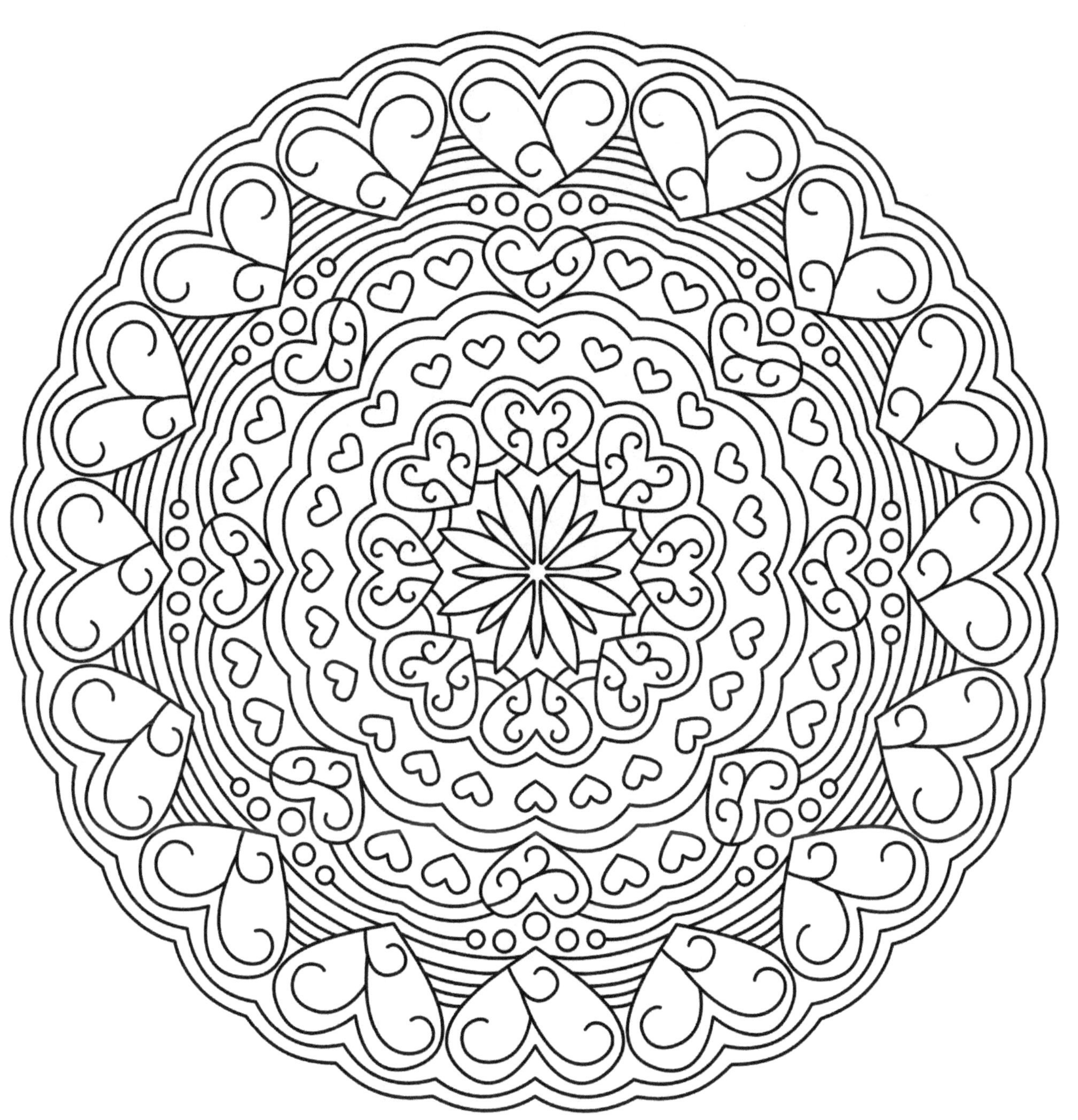

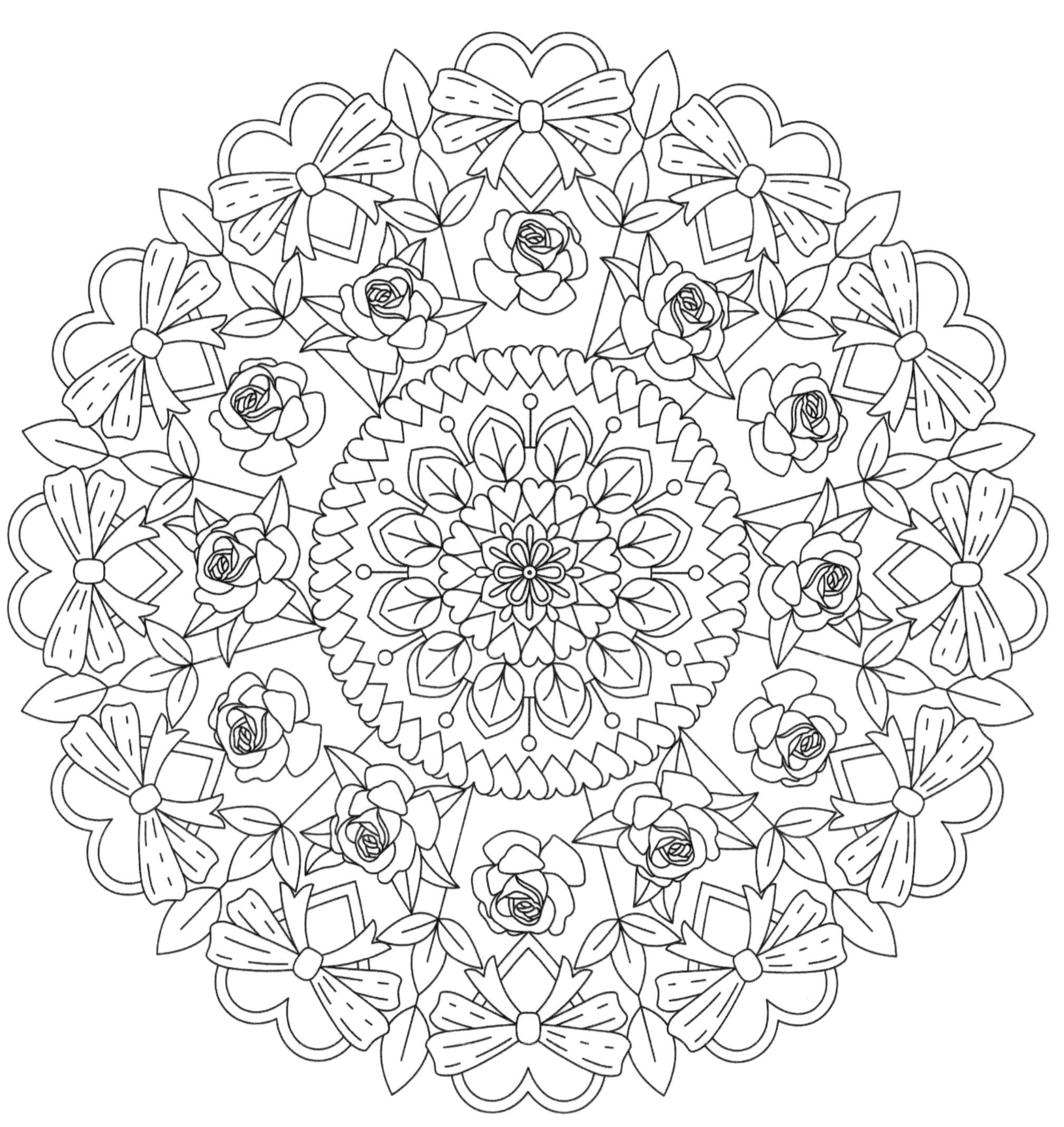

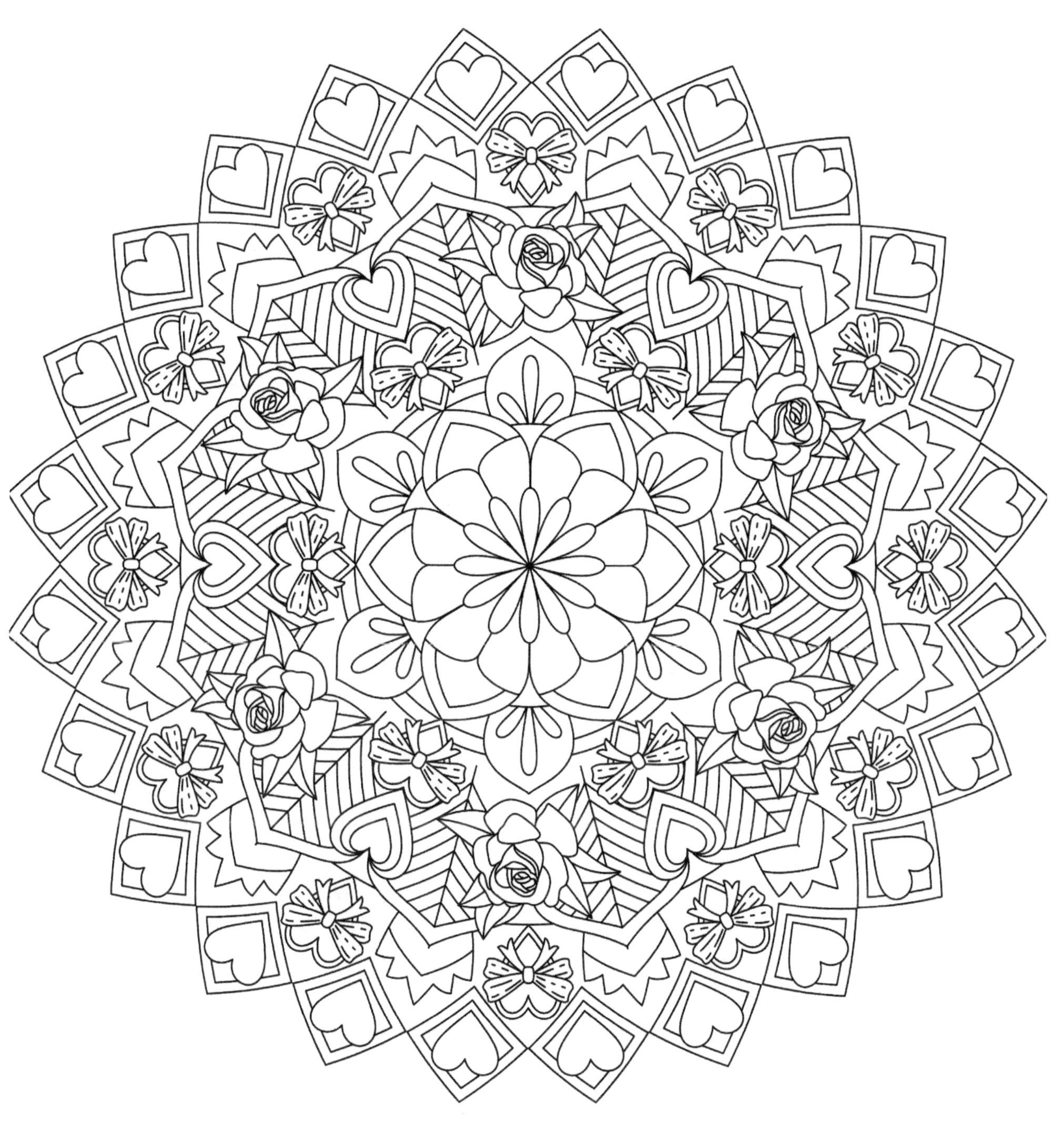

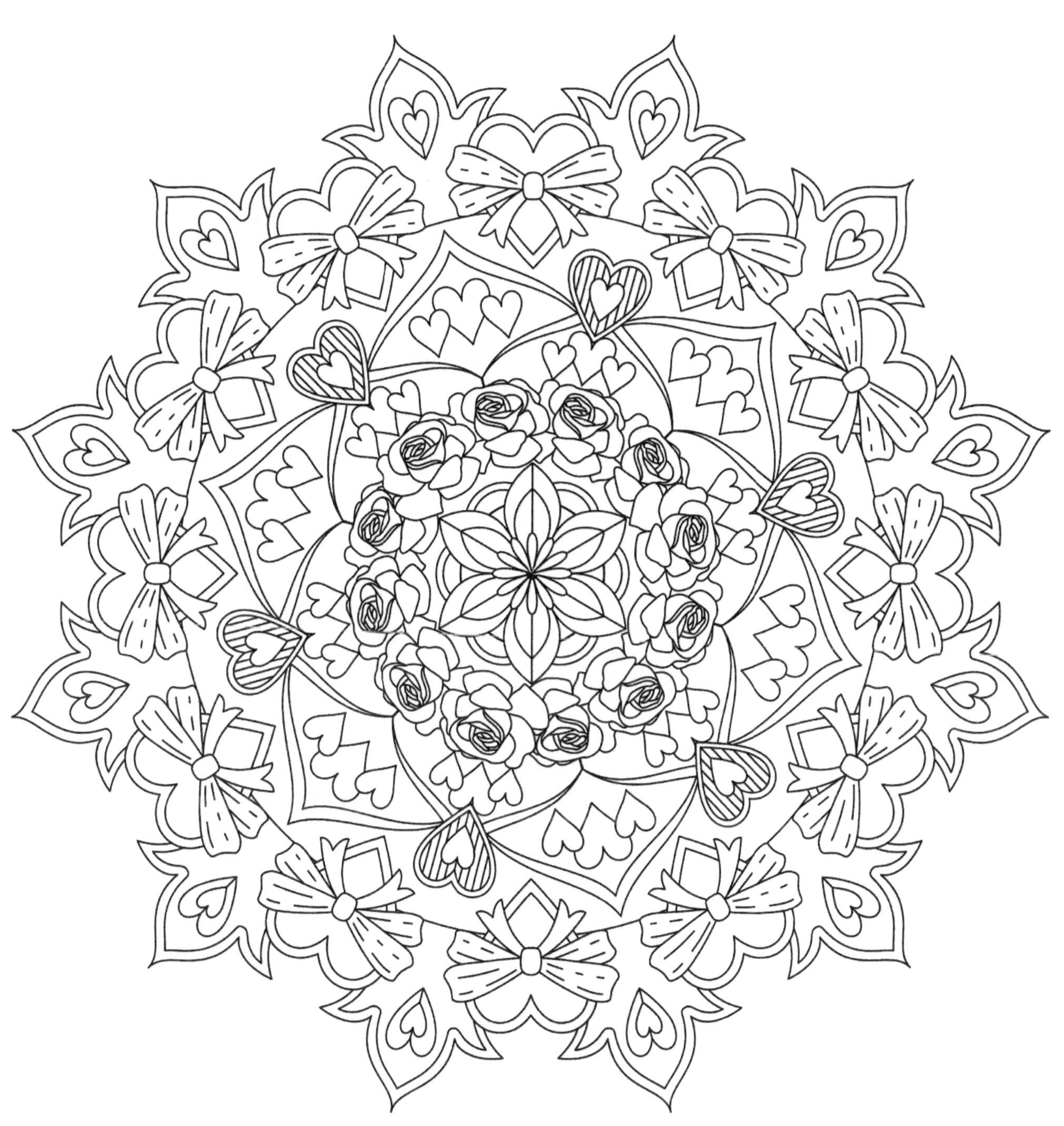

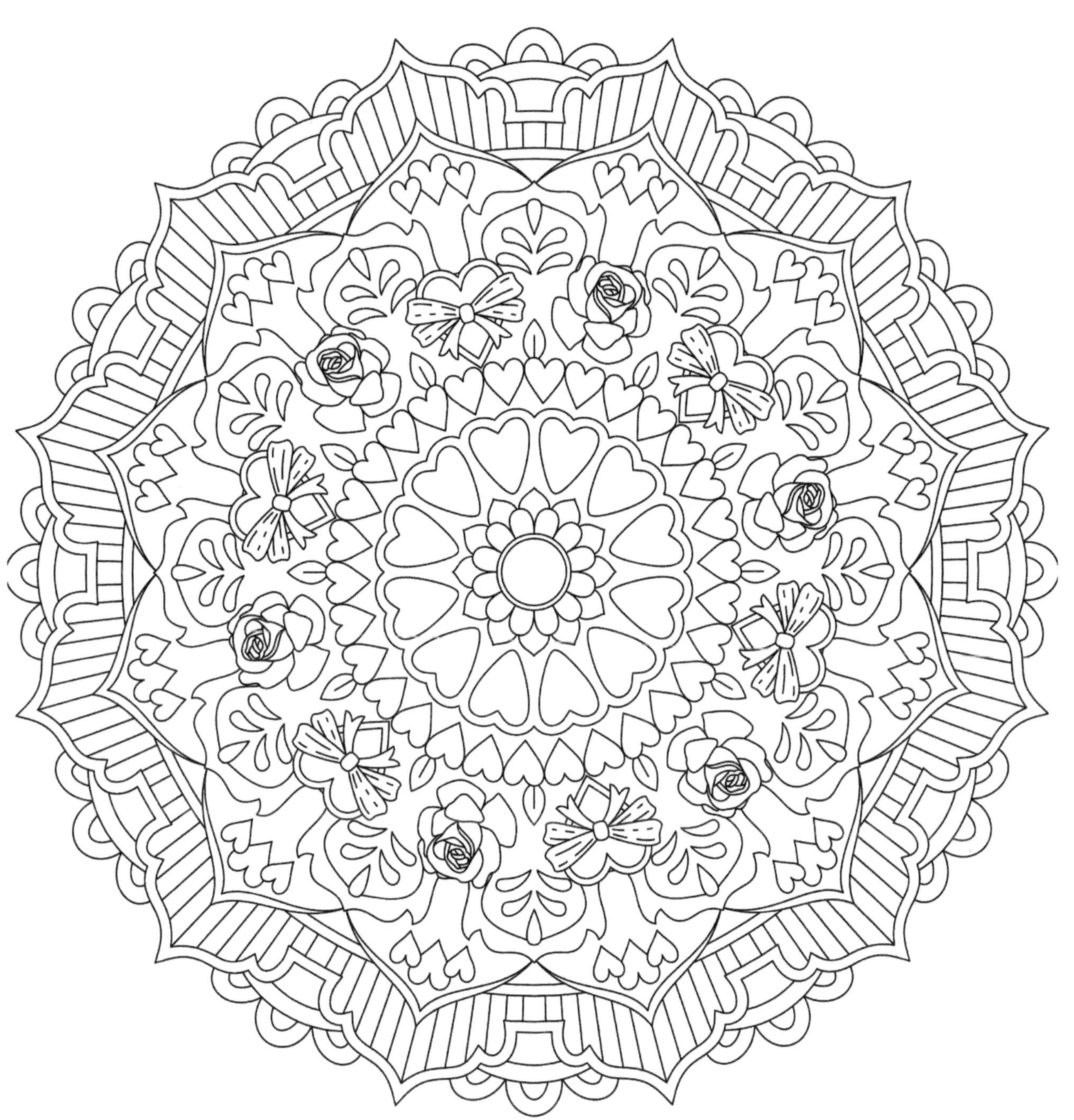

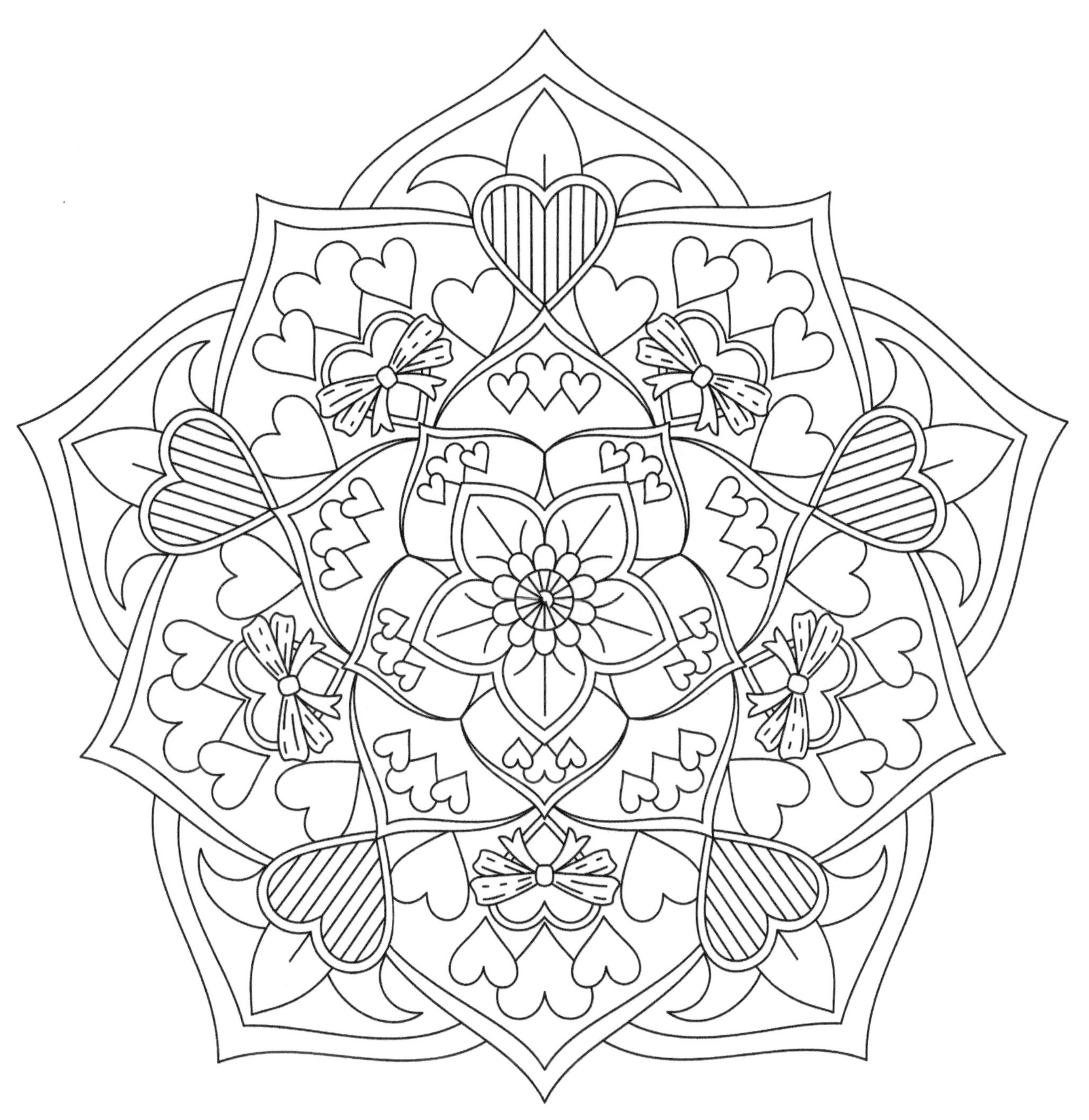

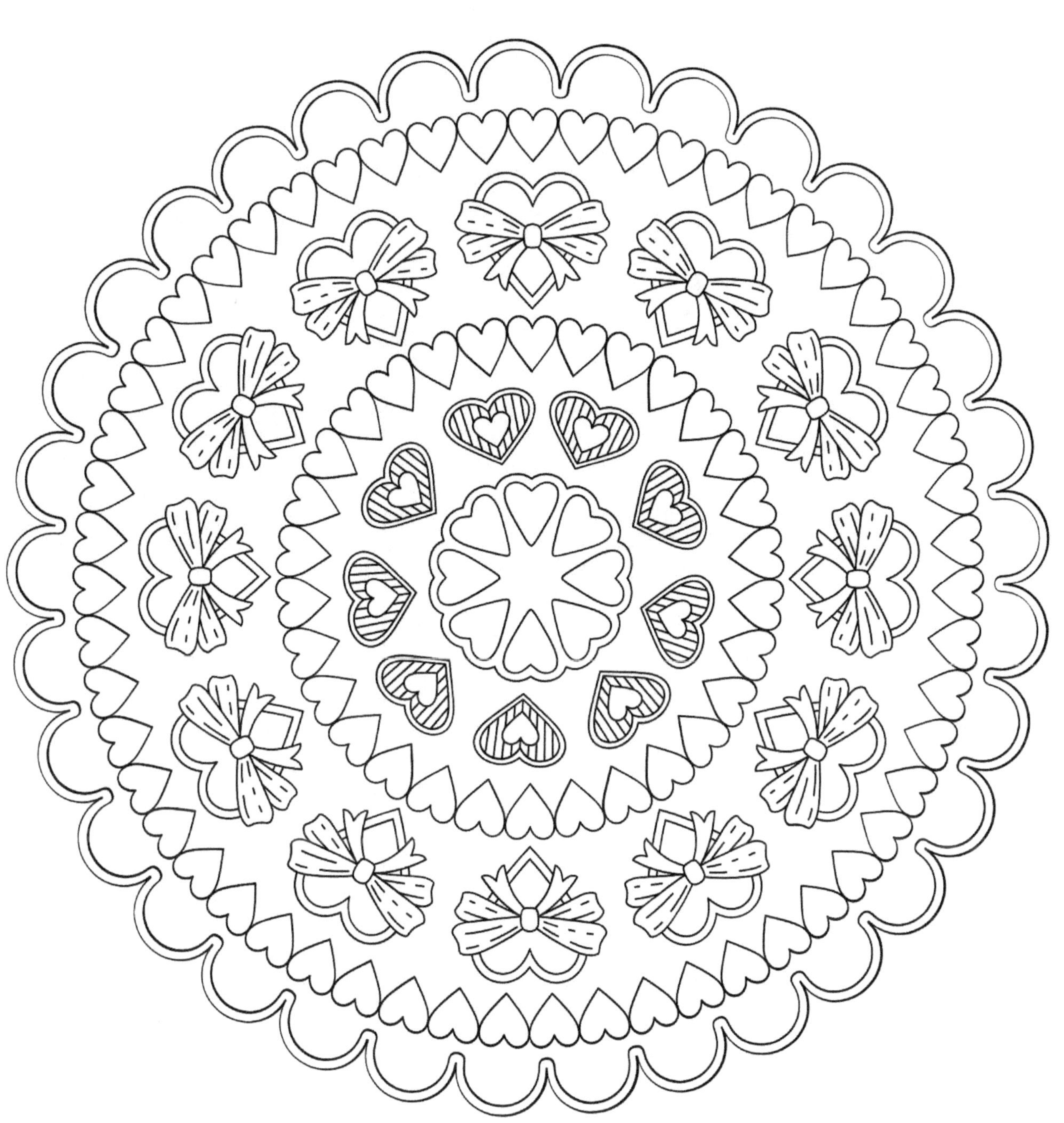

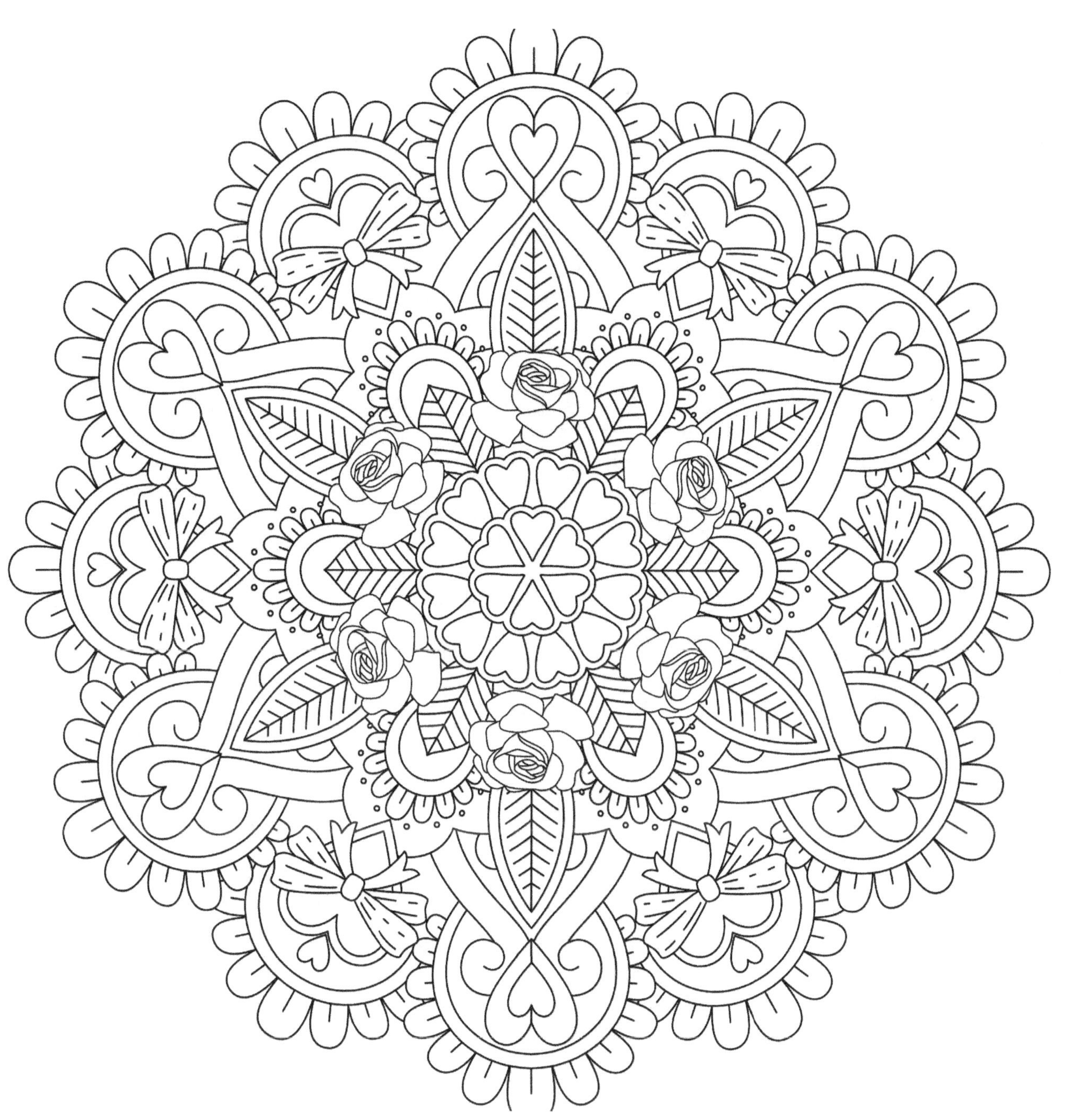

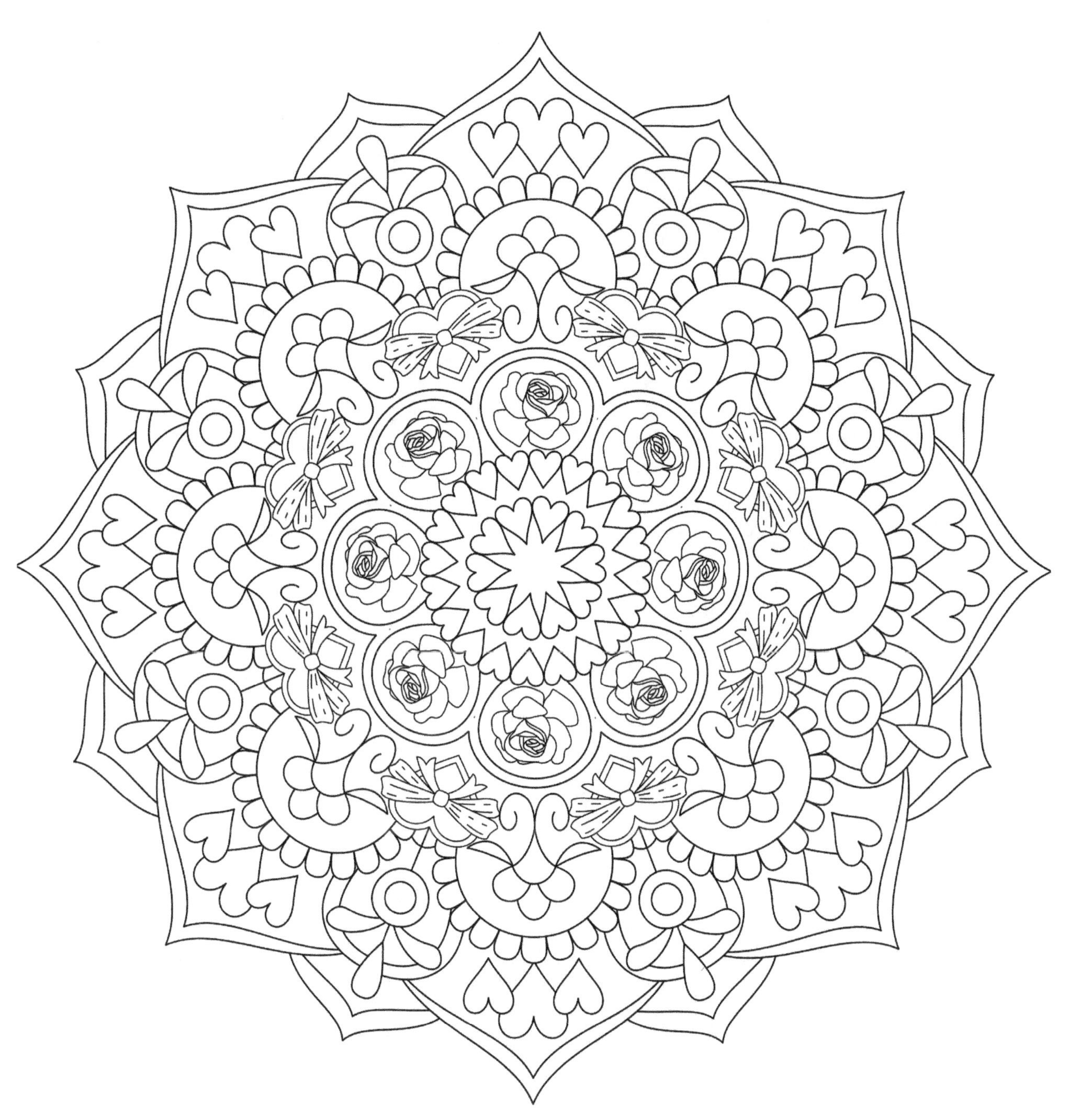

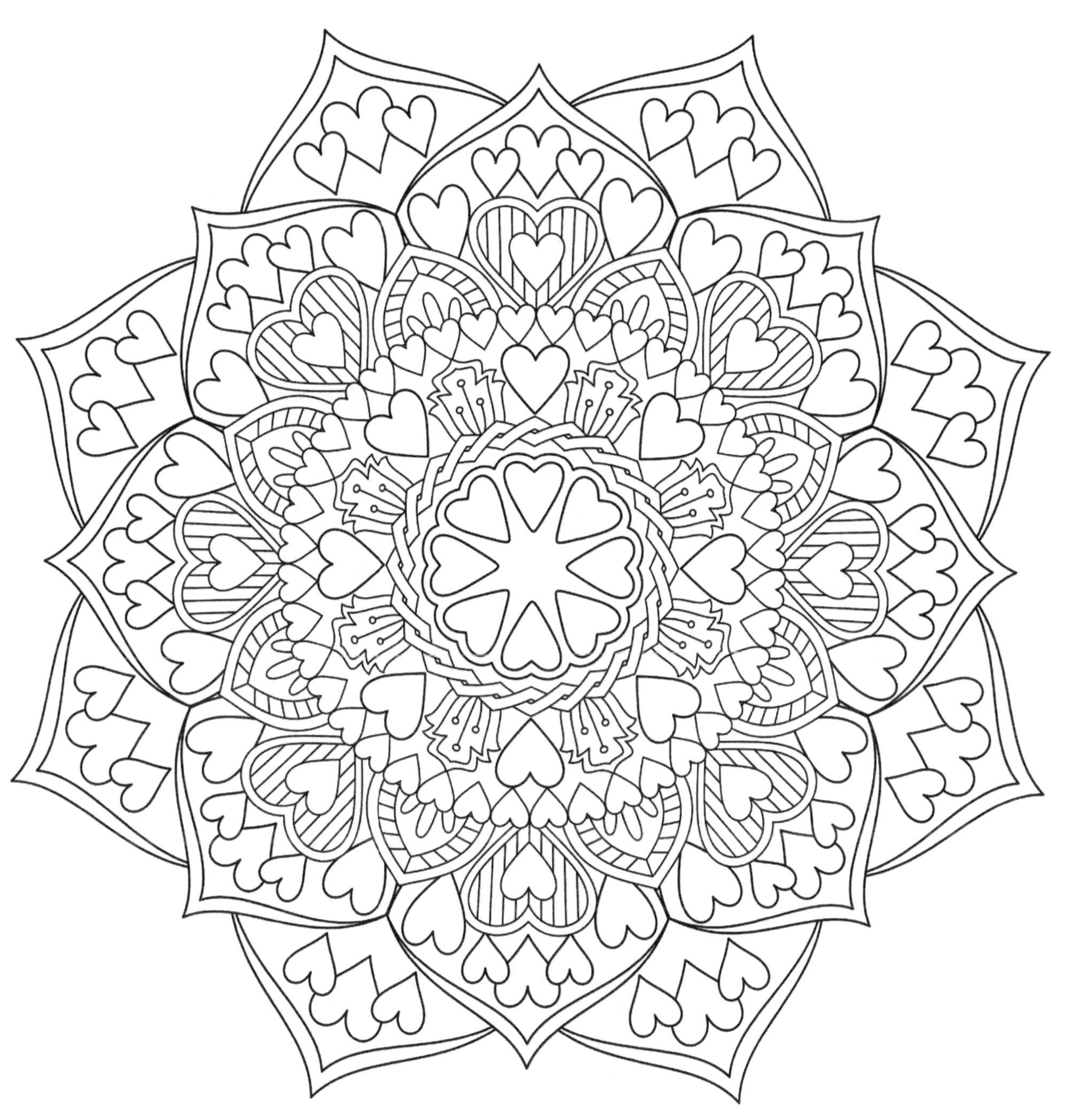

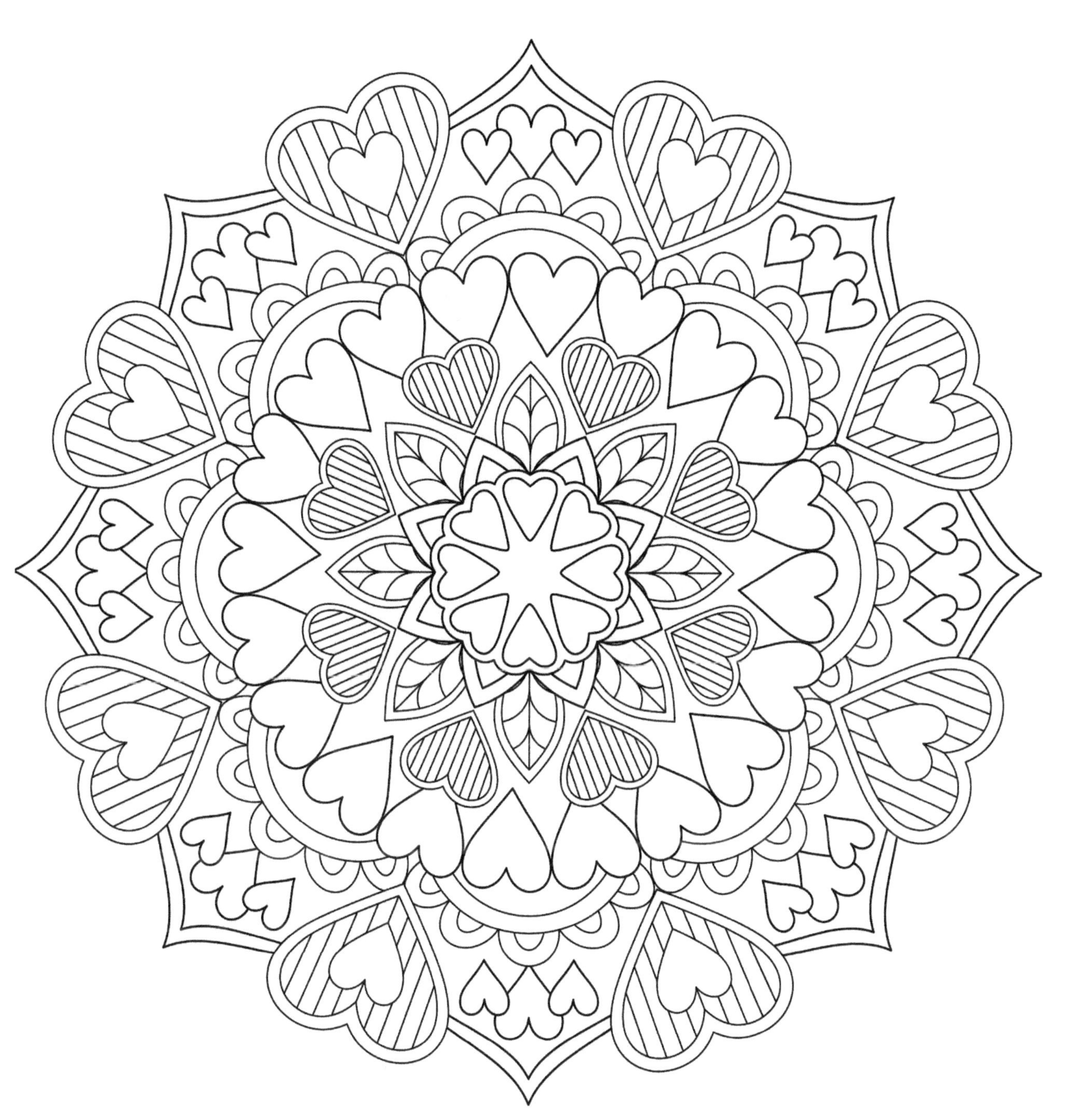

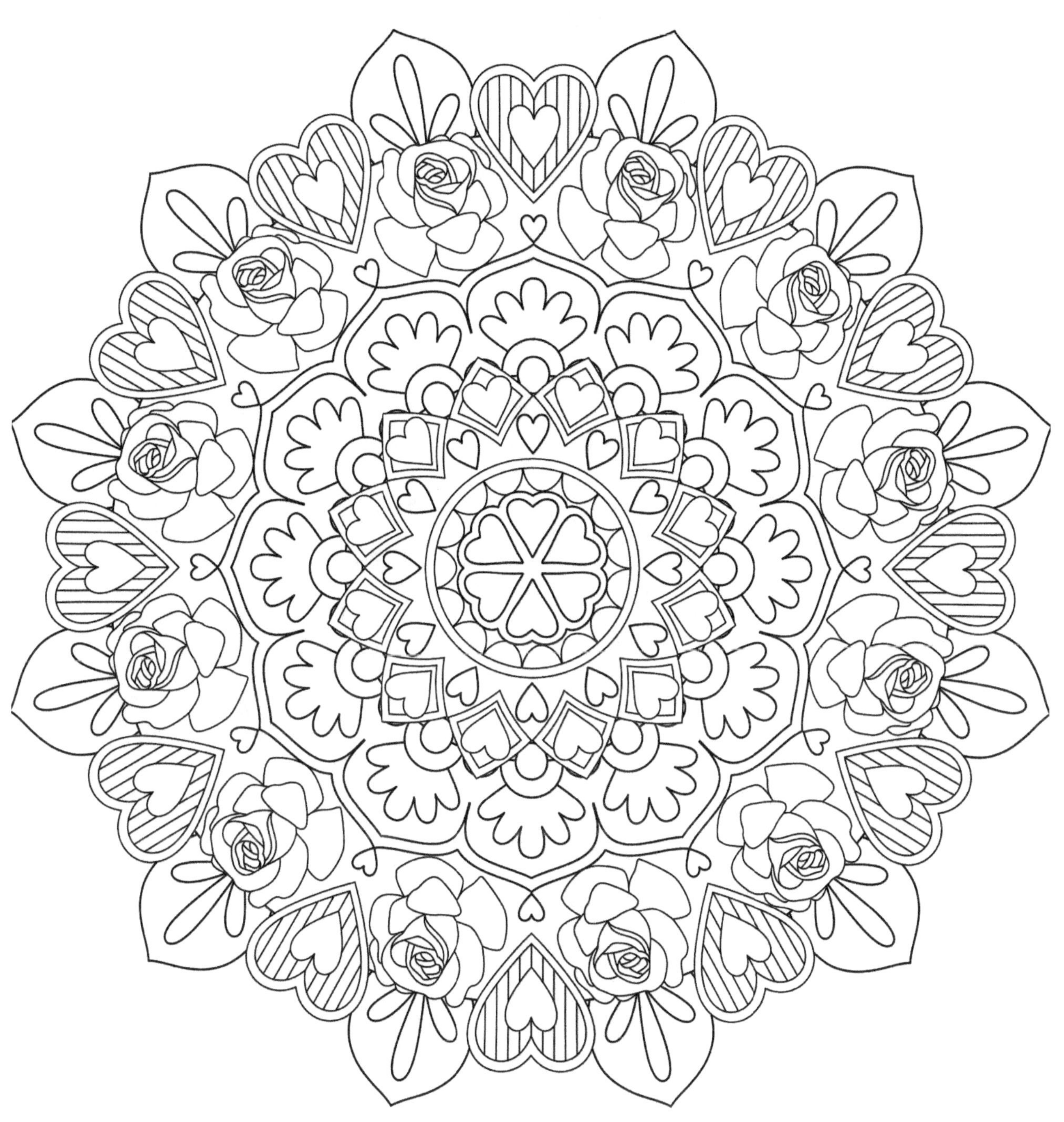

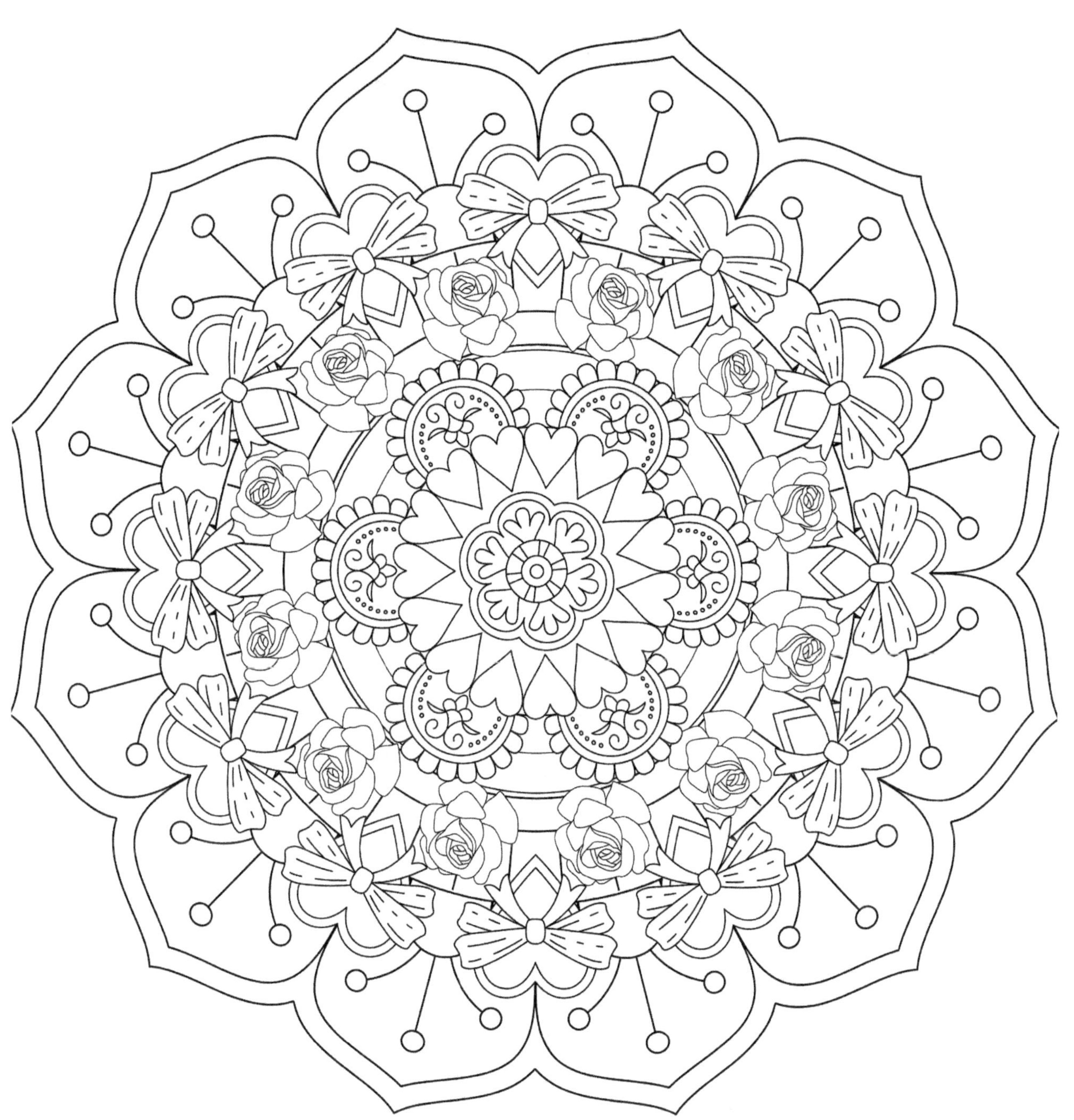

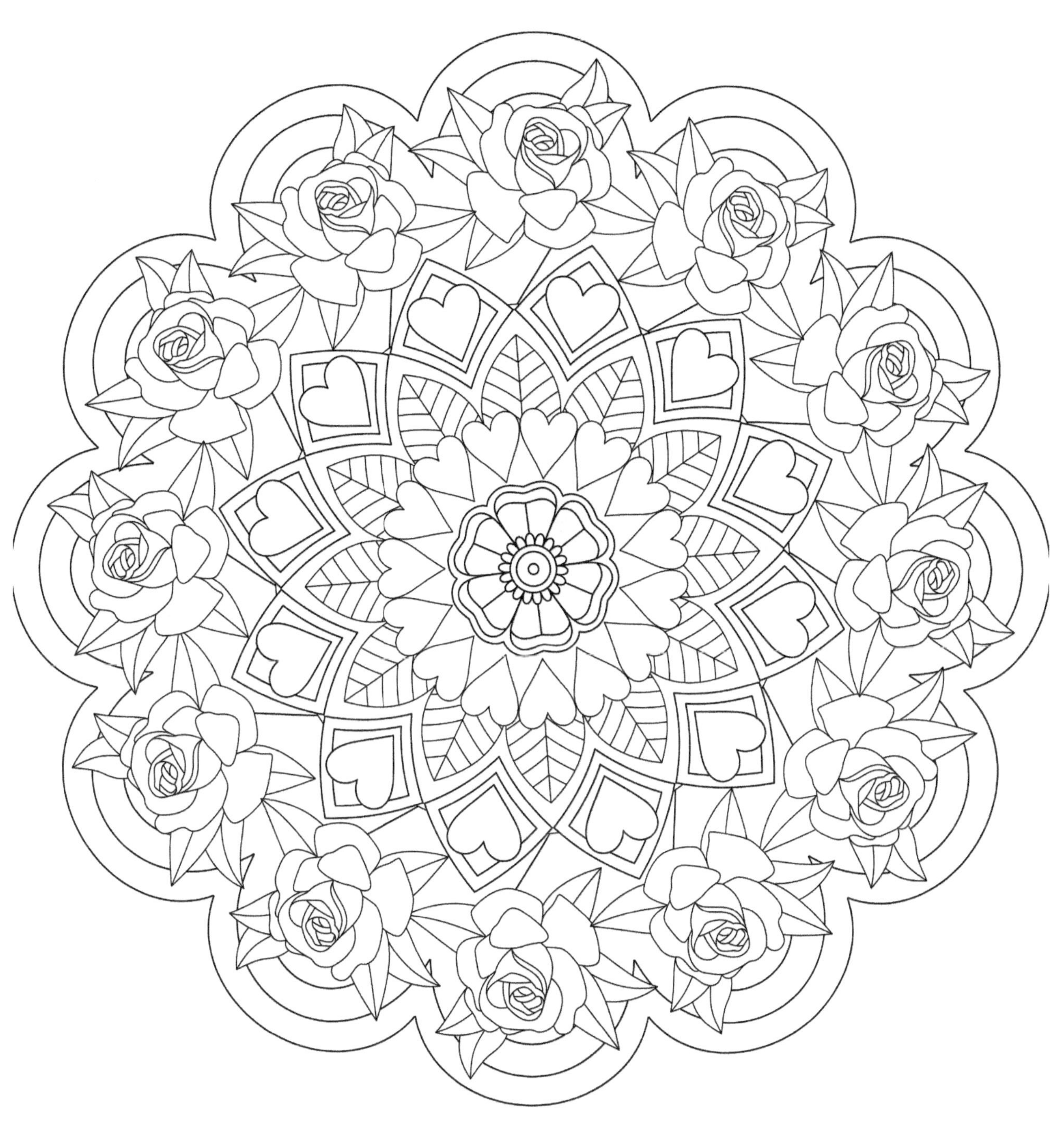

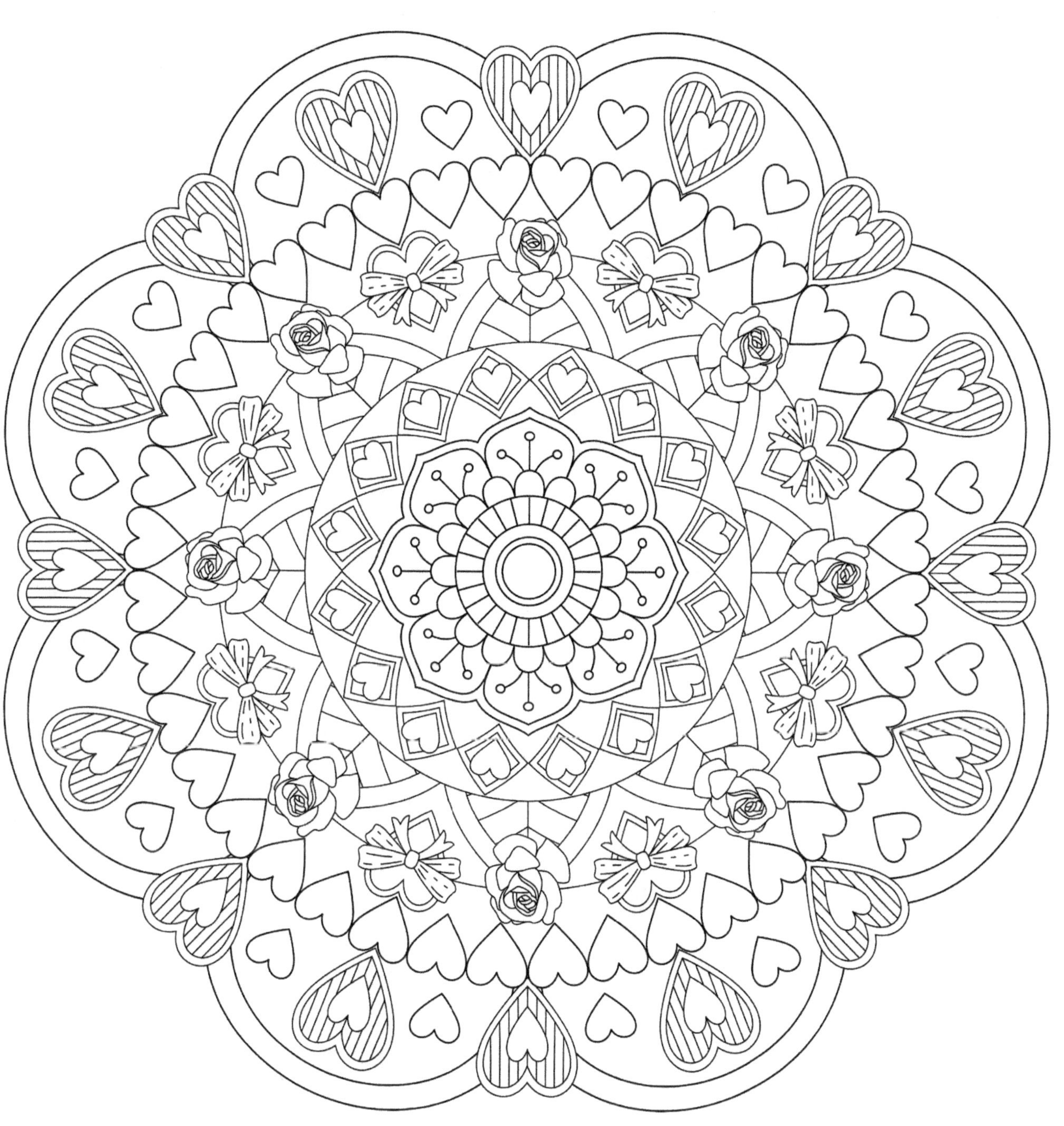

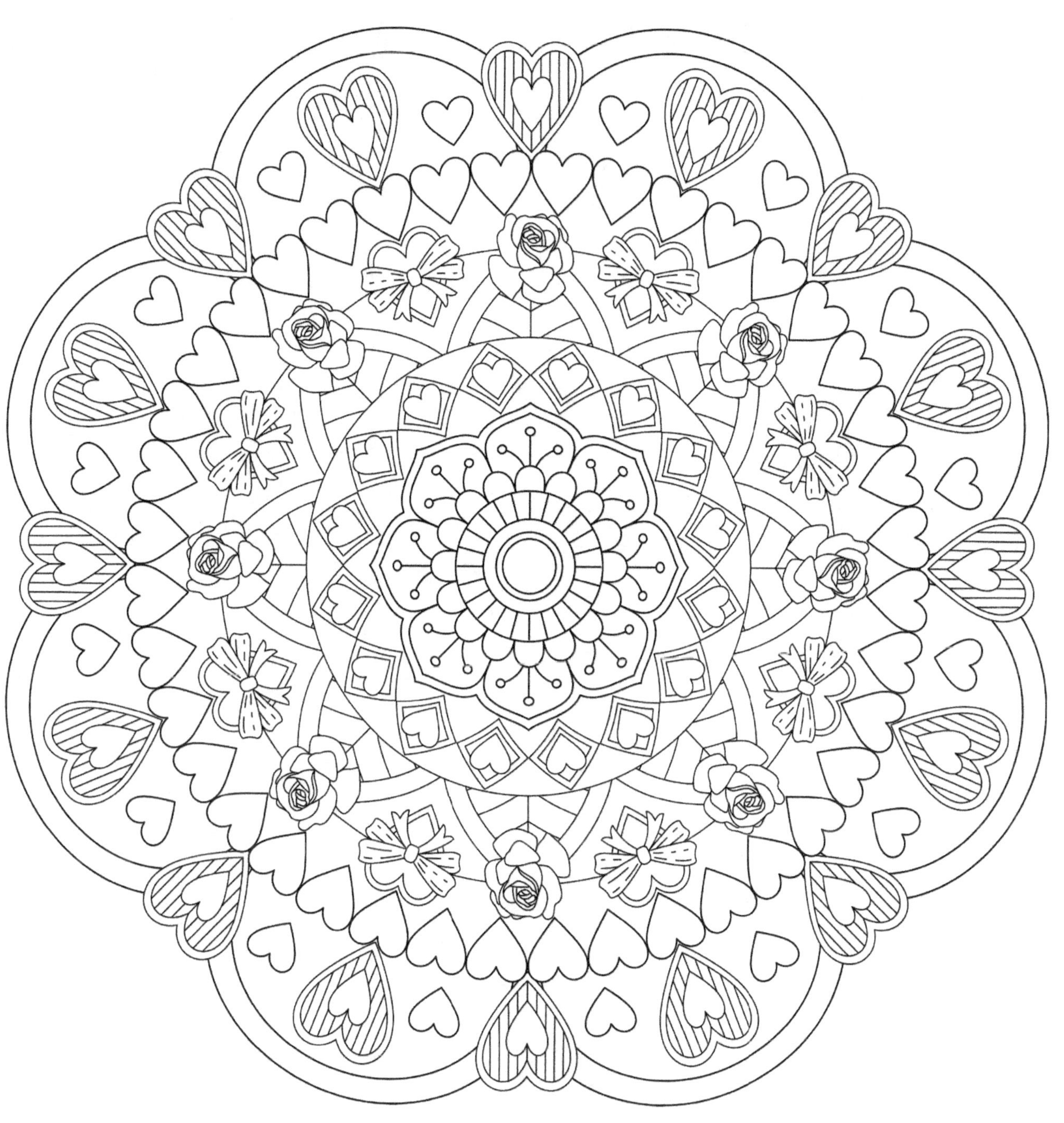

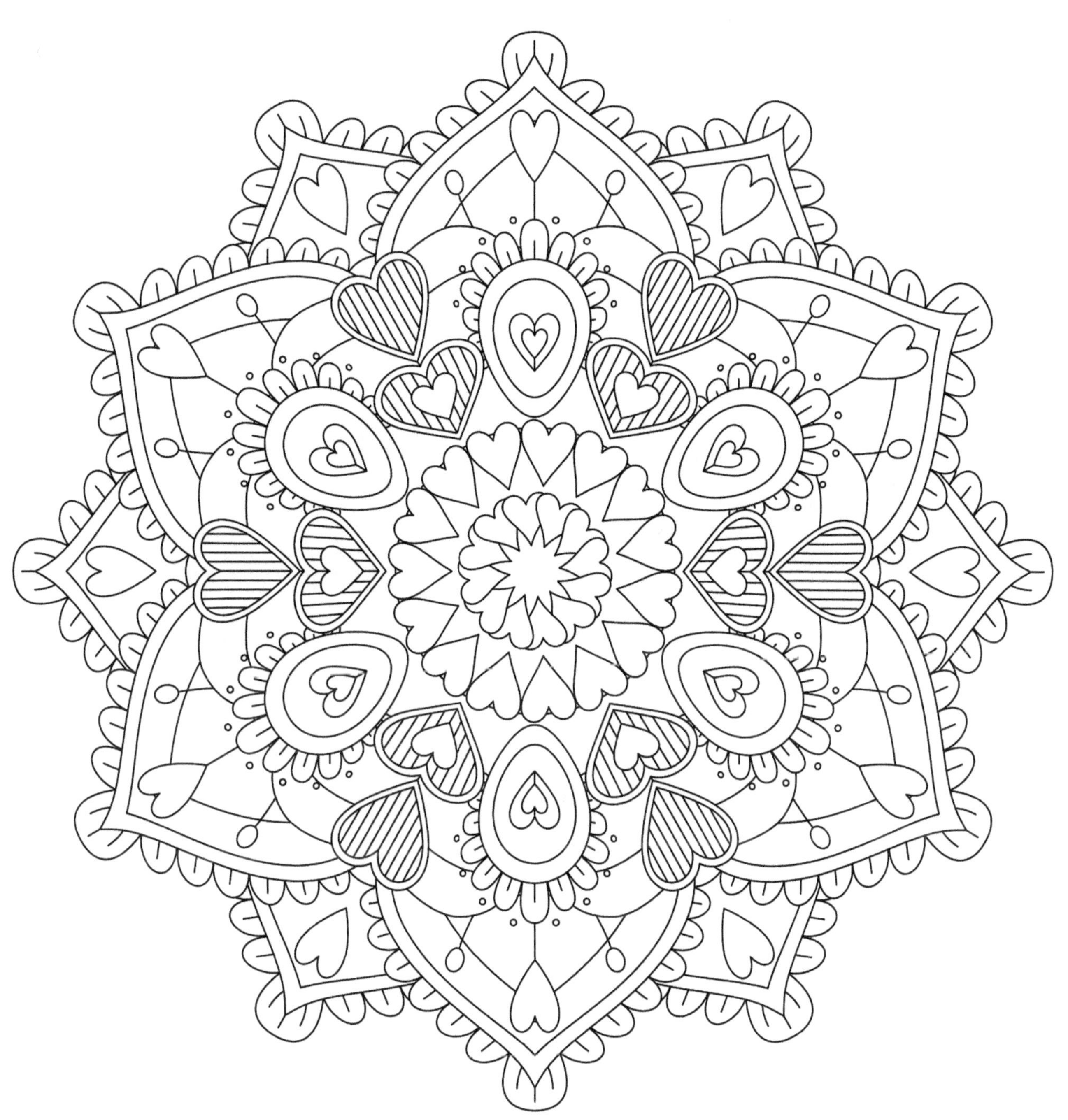

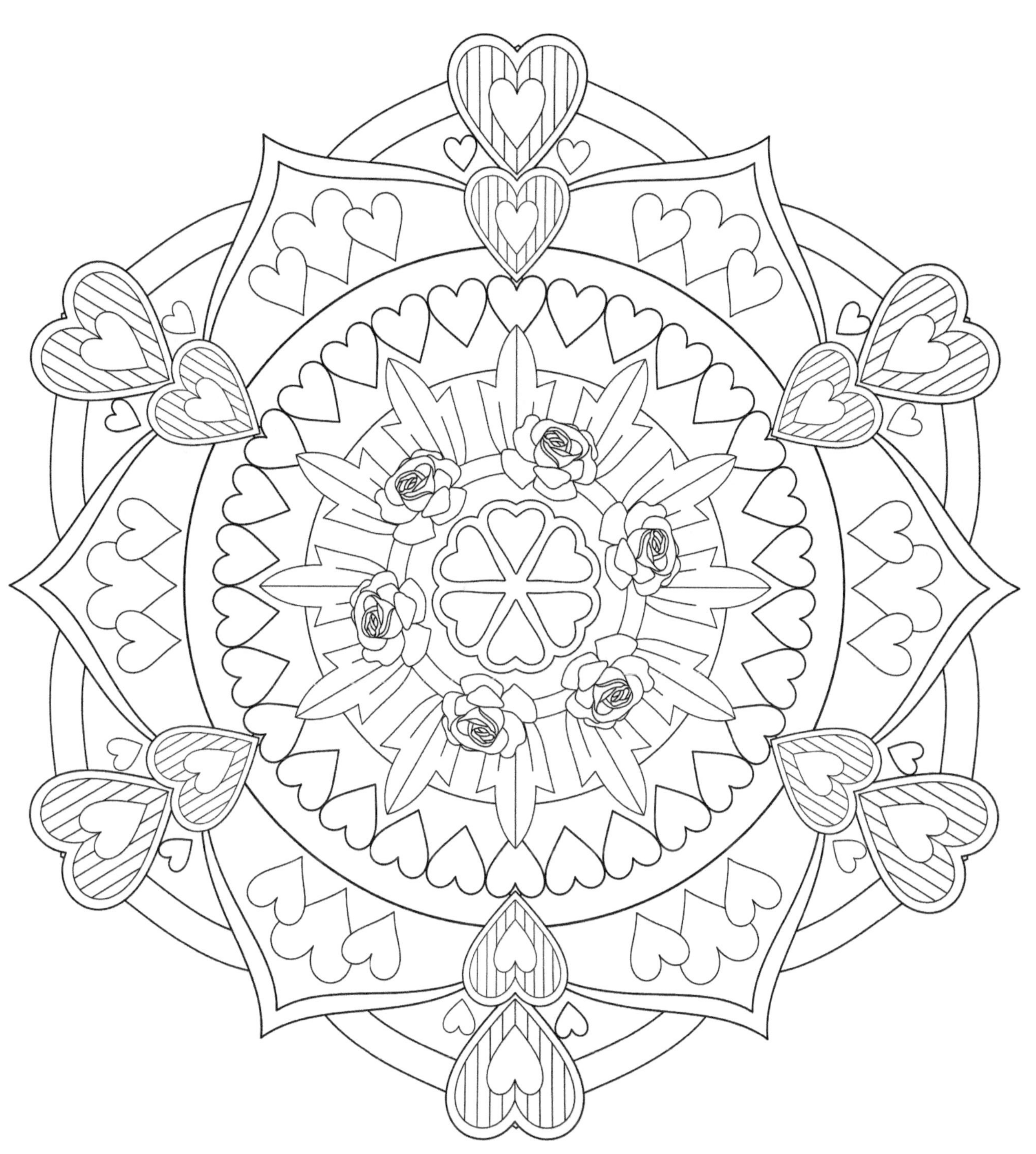

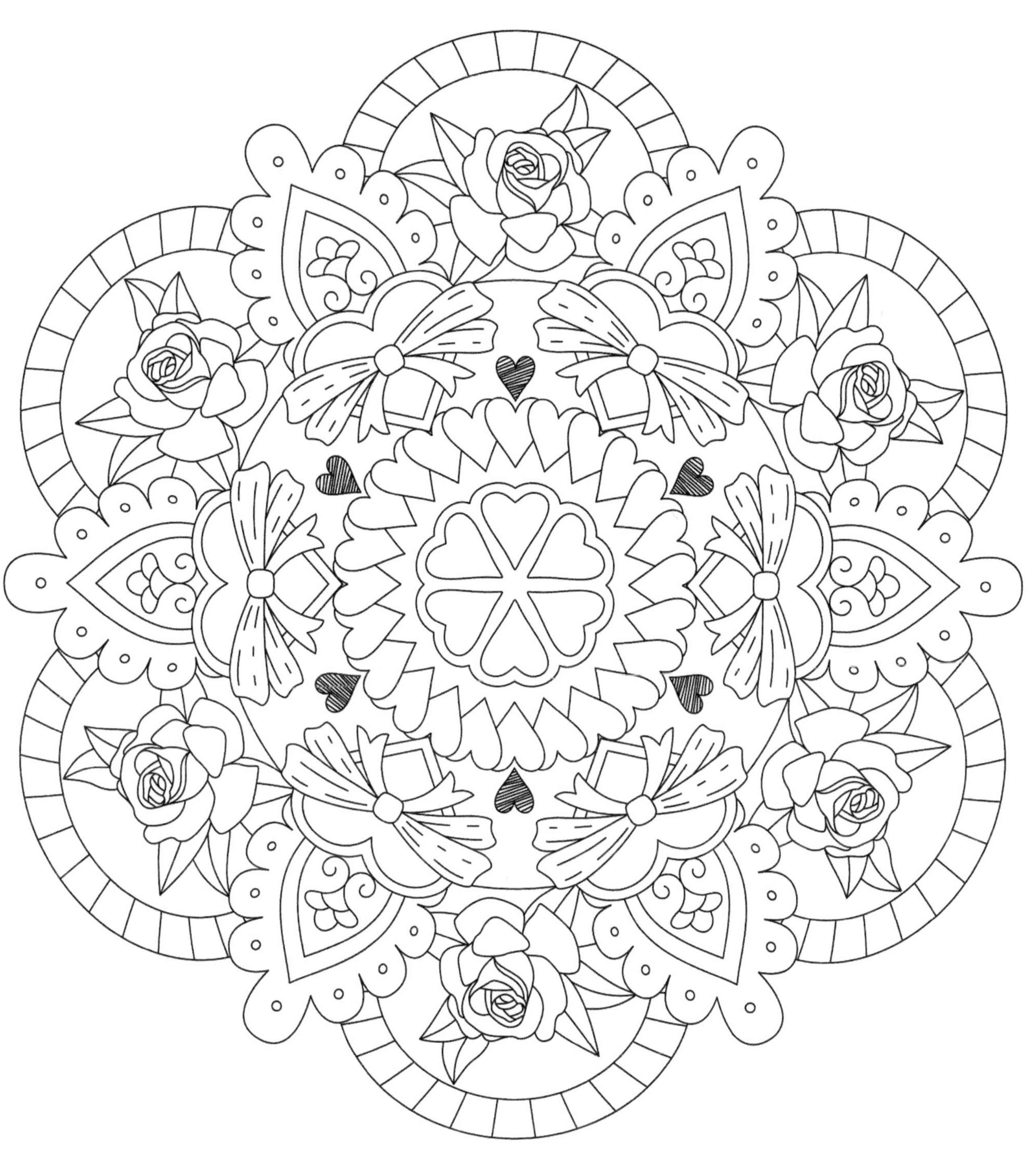

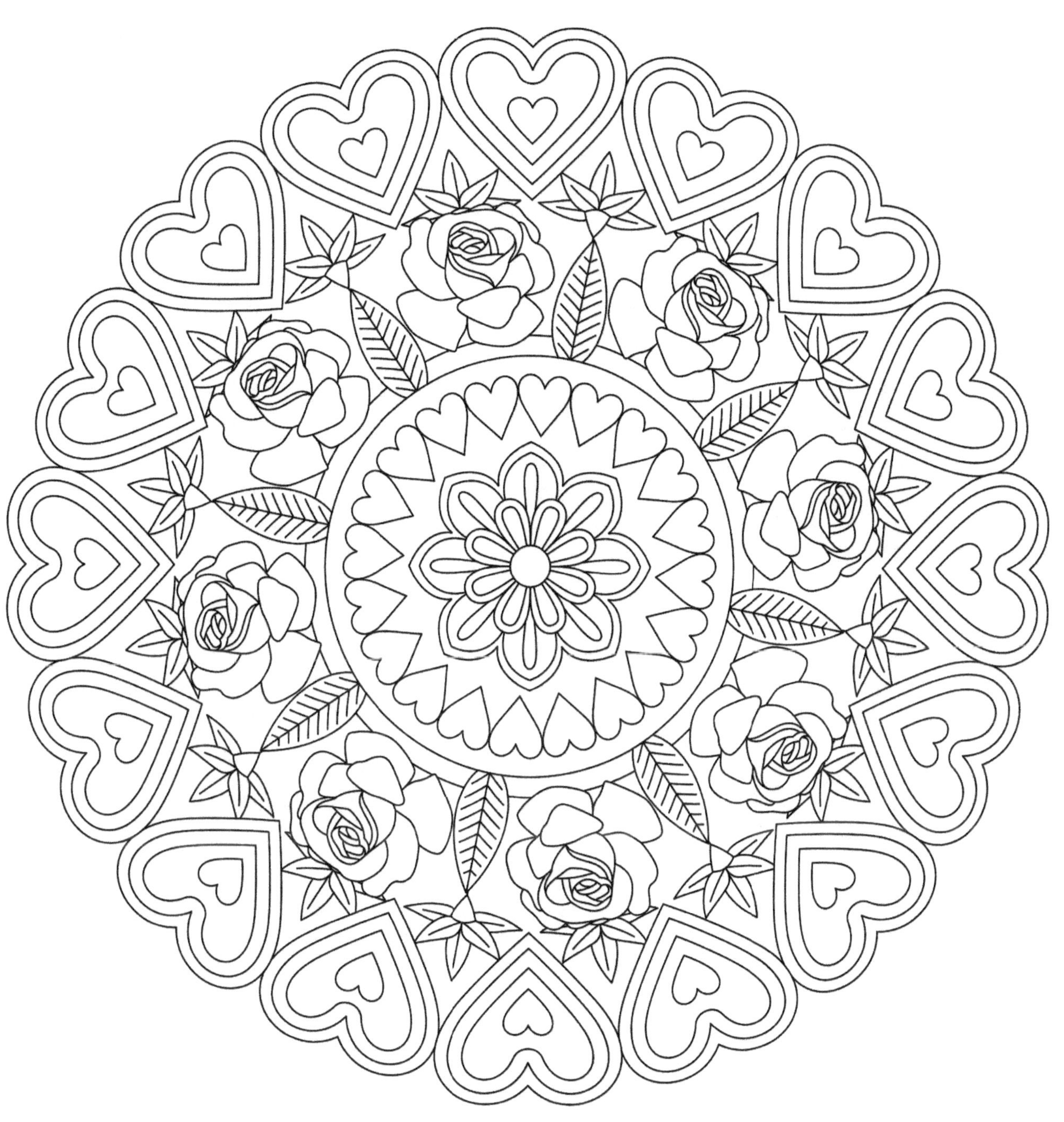

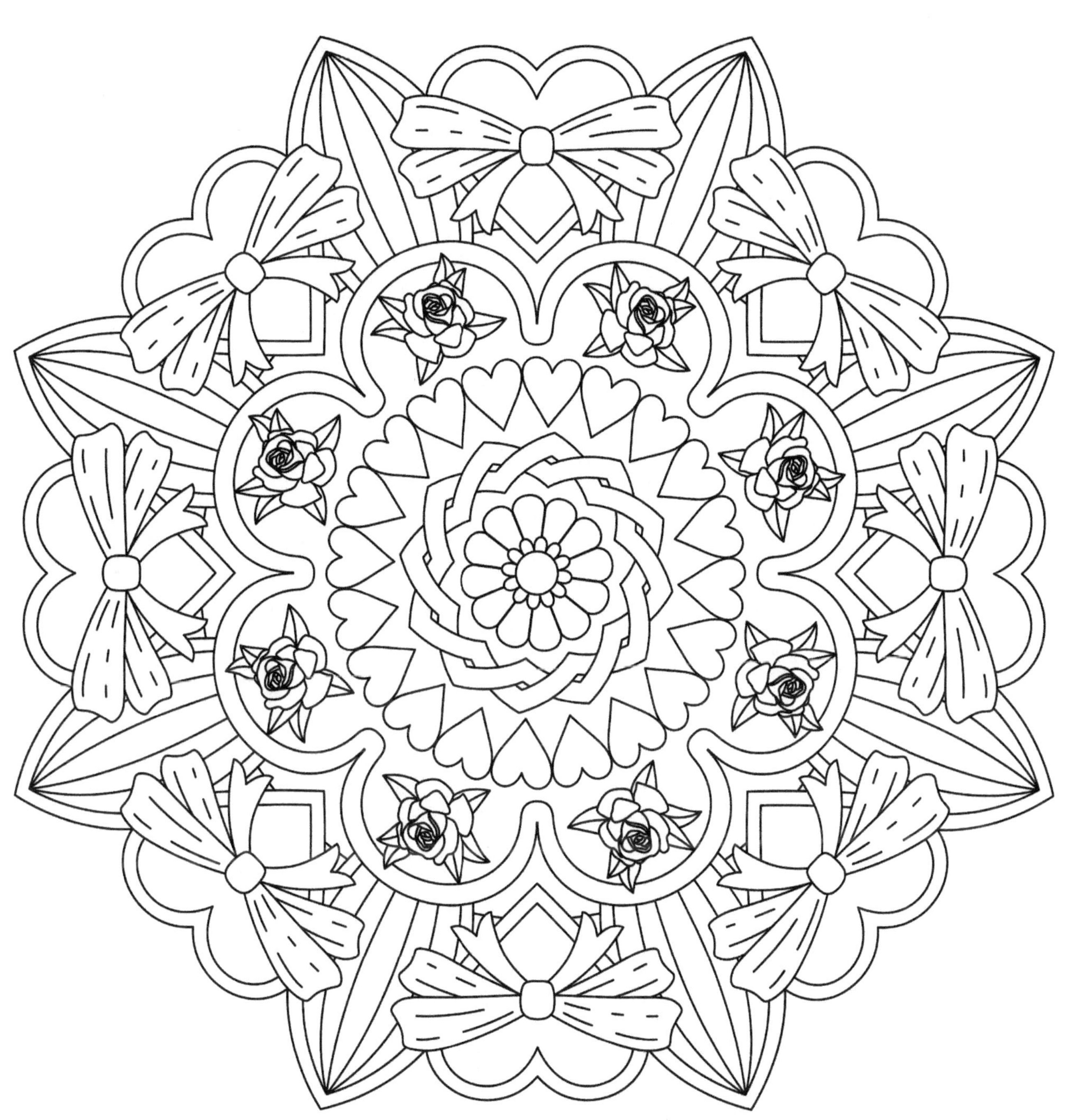

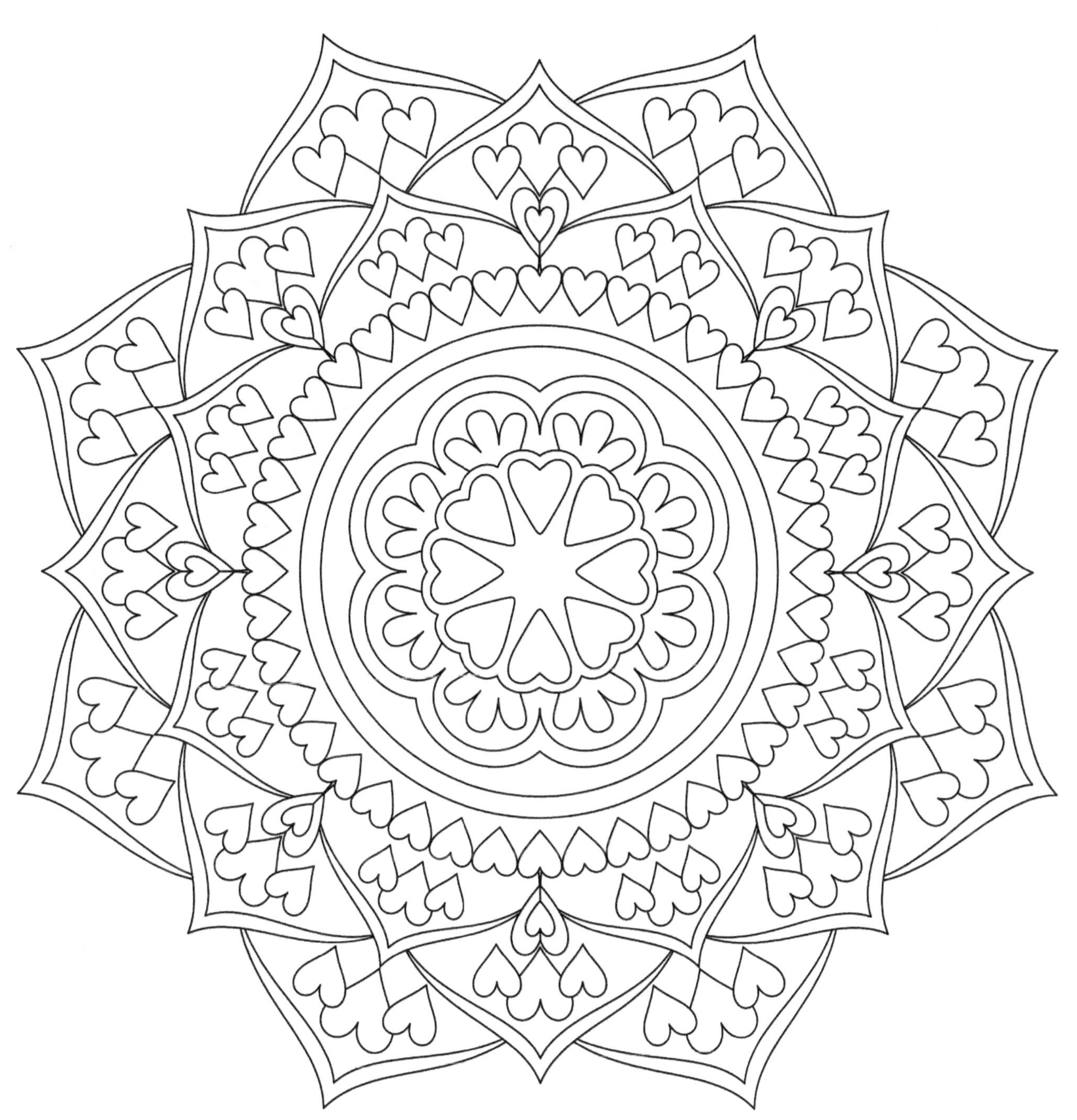

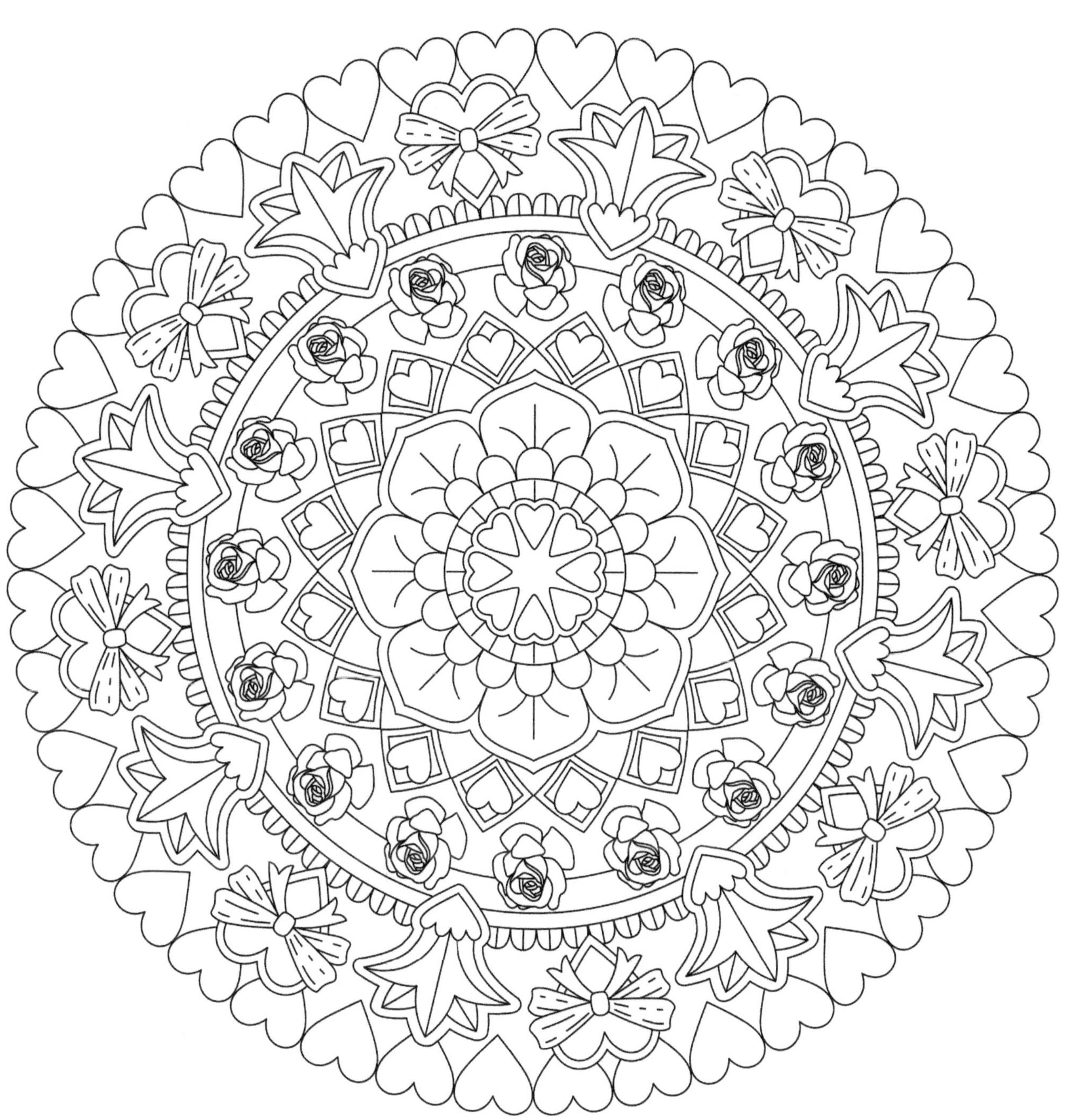

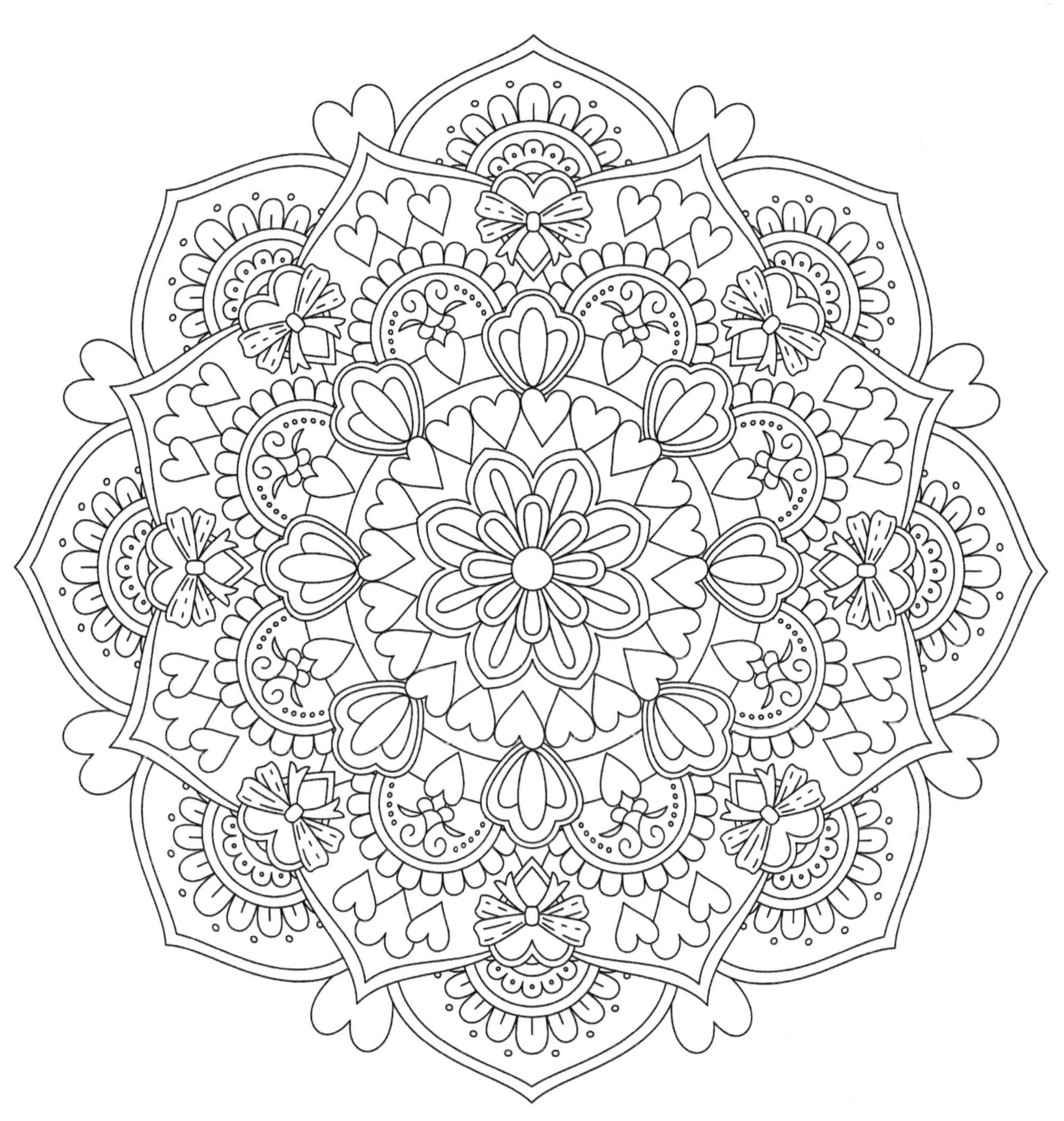

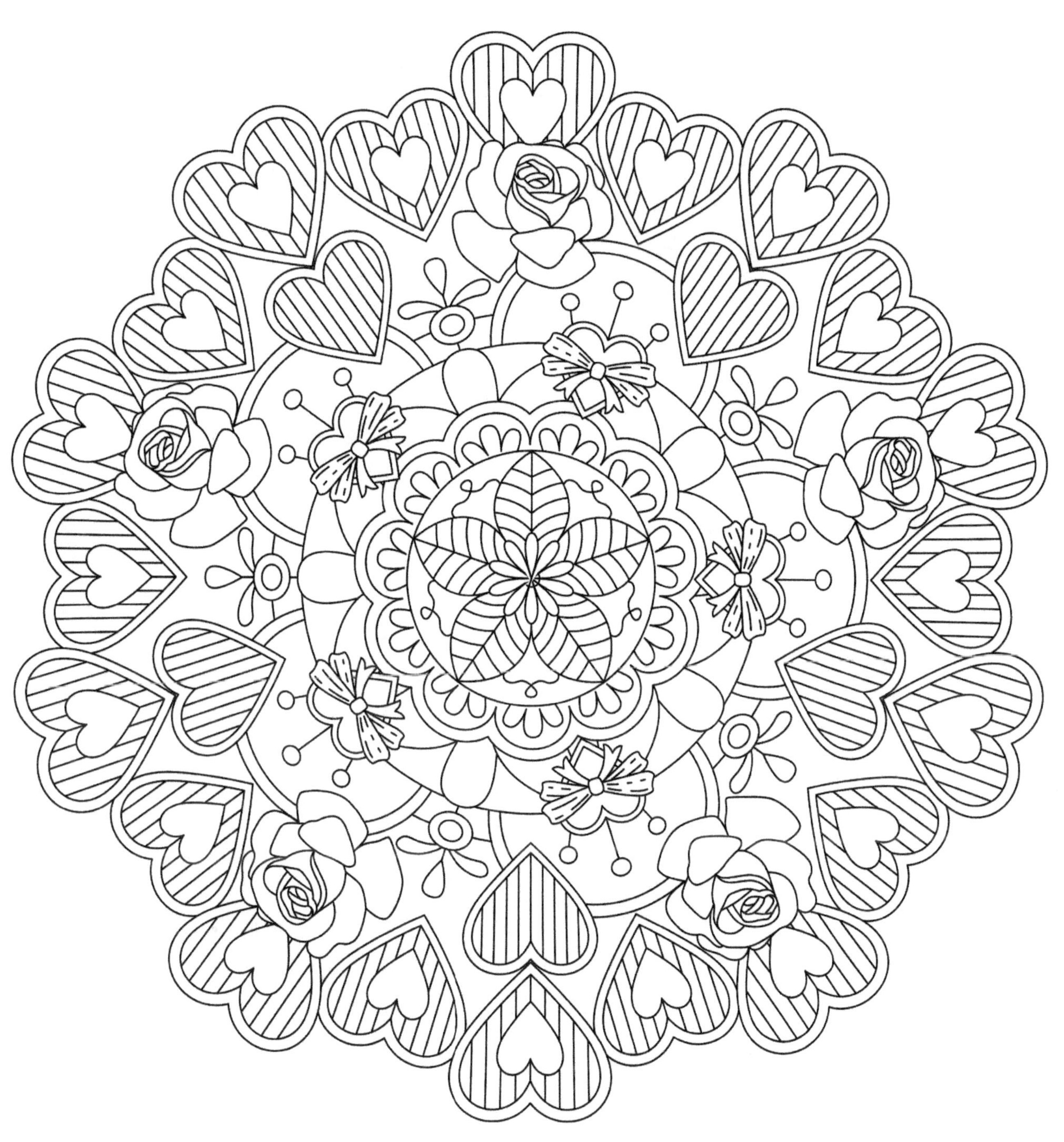

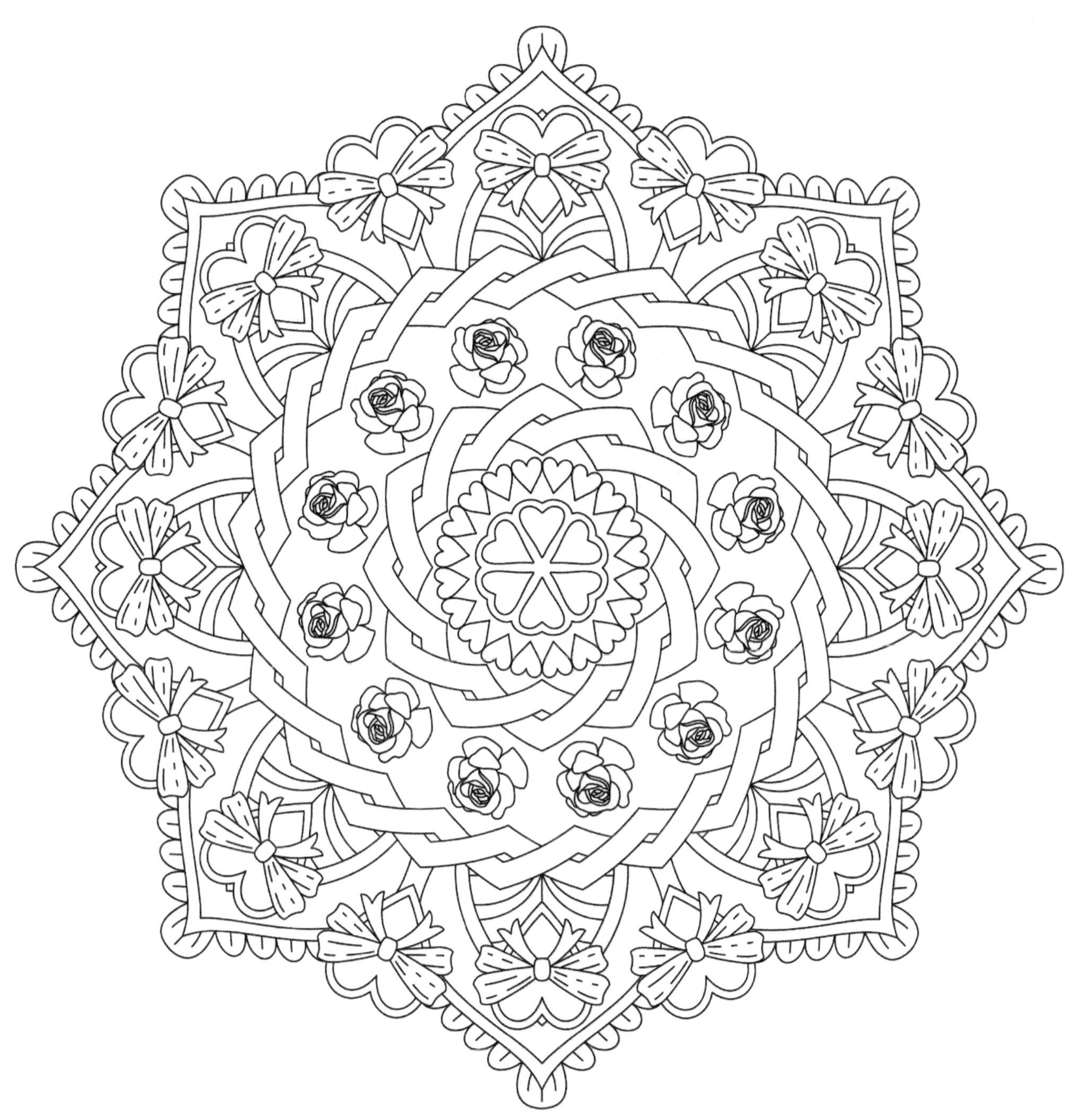

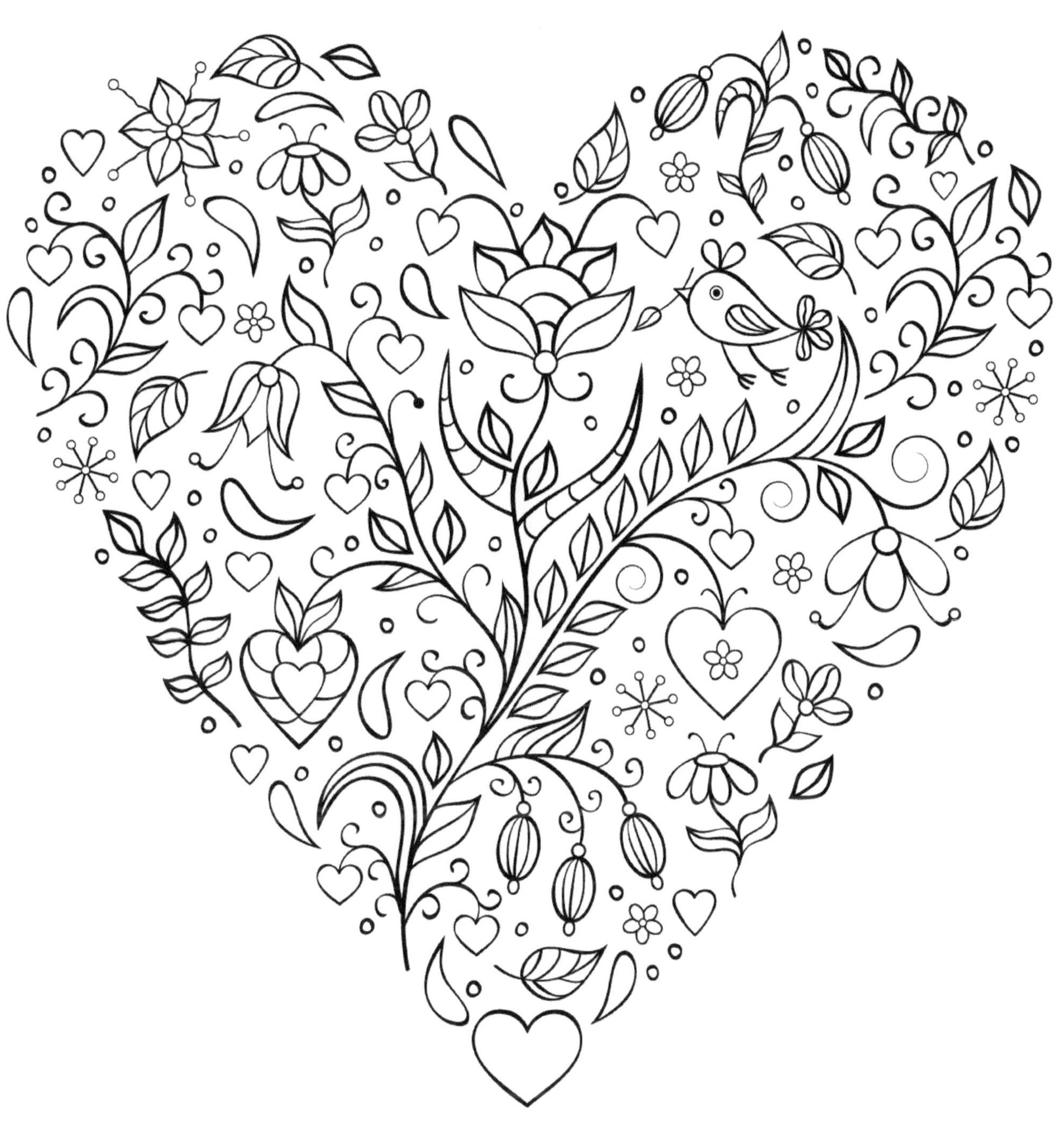

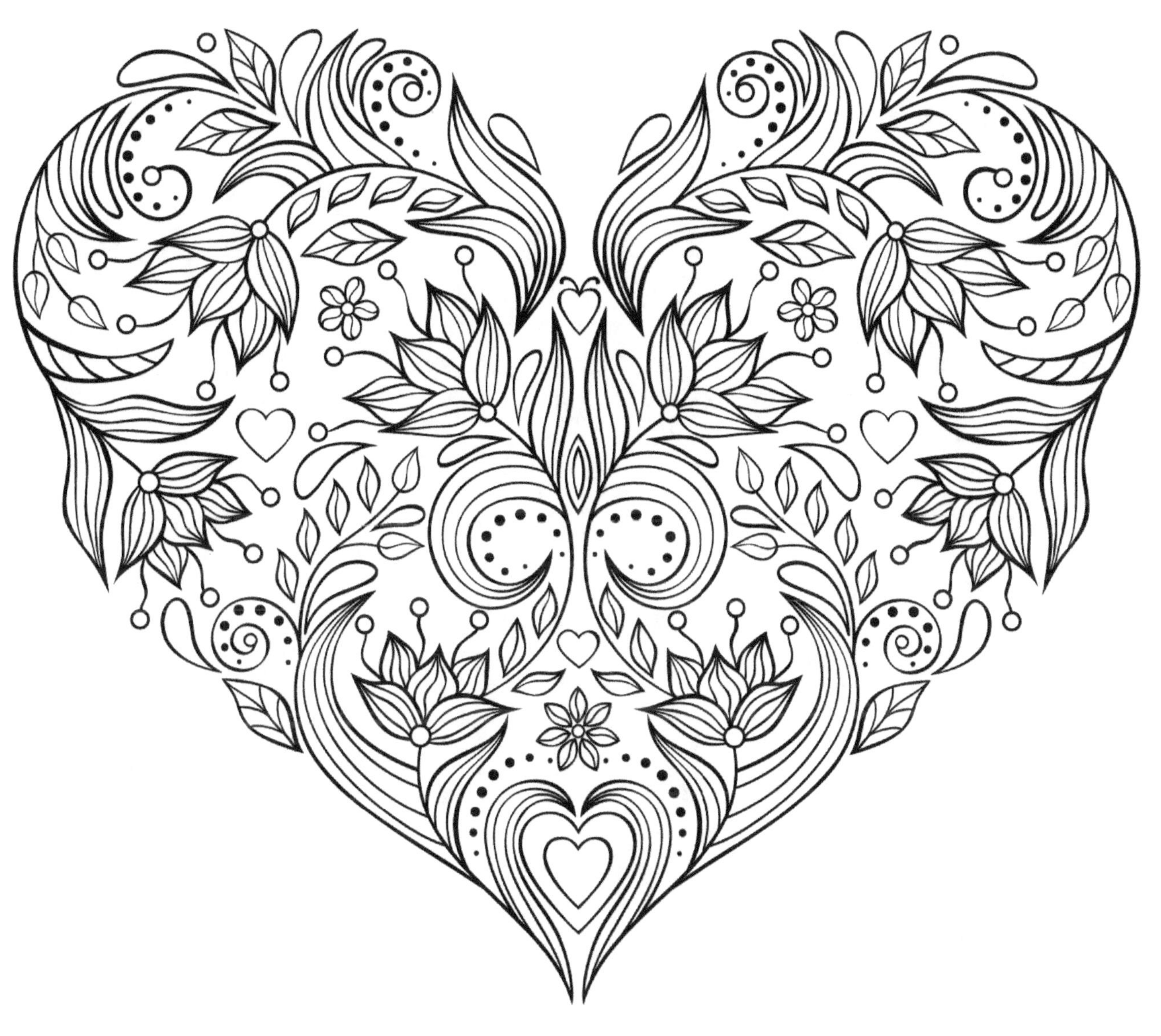

www.ingramcontent.com/pod-product-compliance
Lightning Source LLC
Chambersburg PA
CBHW081950160726
47999CB00008B/2567

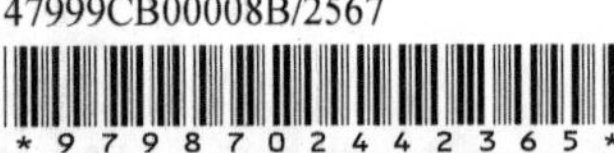